房地产开发新兵入门丛书

高尔夫地产新兵入门

刘丽娟　主编

天火同人工作室　策划

中国建筑工业出版社

图书在版编目（CIP）数据

高尔夫地产新兵入门 / 刘丽娟主编. — 北京：中国建筑工业出版社，2014.5
（房地产开发新兵入门丛书）
ISBN 978-7-112-16693-0

Ⅰ.①高… Ⅱ.①刘… Ⅲ.①高尔夫球运动 — 房地产业 — 基本知识 Ⅳ.①F293.3

中国版本图书馆CIP数据核字（2014）第064808号

　　高尔夫球场的景观资源为地产项目带来土地溢价，地产项目又为高尔夫球场建设作配套支撑。当高尔夫球场建设与房地产开发高度结合时，便可称为高尔夫地产。本书界定了高尔夫地产的范围与几种常见的分类方式，理清了高尔夫球场建设与房地产项目开发的合理时序。根据高尔夫地产开发的基本流程，结合实际的案例，分析了高尔夫地产项目定位、规划设计、运营管控、营销推广等环节的开发关键，同时探讨了高尔夫地产开发的一些不合理现象与误区。为广大房地产行业入门人员、大专院校相关专业师生教学提供了很好的学习材料。

责任编辑：封　毅　周方圆
责任校对：陈晶晶　张　颖

房地产开发新兵入门丛书
高尔夫地产新兵入门
刘丽娟　主编
天火同人工作室　策划
*
中国建筑工业出版社出版、发行（北京西郊百万庄）
各地新华书店、建筑书店经销
北京京点设计公司制版
北京云浩印刷有限责任公司印刷
*
开本：787×1092毫米　1/16　印张：14¼　字数：307千字
2014年9月第一版　2014年9月第一次印刷
定价：68.00元
ISBN 978-7-112-16693-0
（25318）

版权所有　翻印必究
如有印装质量问题，可寄本社退换
（邮政编码 100037）

本书编委会

策划
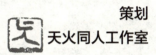
天火同人工作室

专业技术支持
易中居地产培训机构

主编
刘丽娟

编委

刘丽娟	龙　镇	肖　鹏	张连杰	成文冠	孙权辉	金　毅
周国伟	吴仲津	曾庆伟	樊　娟	叶雯枞	饶金军	杨　莹
卜鲲鹏	曾　艳	刘丽伟	王丽君	卜华伟	张墨菊	朱青茹
欧倩怡	林德才	林燕贞	陈越海	冯　墨	董　丽	张展飞

执行主编：吴仲津

美术编辑：杨春烨

特约校审：樊　娟

前言 ▶ preface

我国内地第一个高尔夫球场始于 1984 年的中山温泉高尔夫球场。此后，高尔夫在我国开始大量开发建设。经过三十年的发展，我国高尔夫行业发展逐步成型。目前我国高尔夫运动最普及和发展最成熟的三个地区分别是北京、上海、广东。沿海经济发达的地区也有部分补充，东北、西北、西南等地区则相对较少，少数省份甚至没有高尔夫球场。

高尔夫球场的建设与房地产的开发属于互利关系。一般而言，高尔夫球场占地面积大，球场的选址多位于城市郊区。基于高尔夫产业的消费特点，球场的建设要求有住宅、酒店、别墅、会所等配套物业，球场的开发对房地产项目具有一定的依赖性。反过来看，高尔夫球场拥有的草坪、果岭、沙坑、水池等景观资源，无形中使周边的房地产项目拥有良好的景观优势。

另外，高尔夫球场开发对郊区交通的可达性也提出了较高要求。便捷的交通、良好的景观资源，为球场周边的房地产项目带来土地溢价。我国中产阶级的崛起，某种程度上扩大了高尔夫产业的消费群体，进一步扩大了高尔夫消费的市场需求。经济效益的驱使促进了高尔夫地产的加速发展，高尔夫地产的开发逐渐成为房地产行业的新热门。

以高尔夫地产的开发流程为线索，本书建立起一套高尔夫地产开发的理论体系，对高尔夫地产开发的各个关键环节进行分析。具体到高尔夫项目定位有几种常见的模式参考，高尔夫球场结合房地产开发的难点在哪，球场怎样运营可以提高时间效率与经济效益，投资高尔夫项目有哪些收益等。全书以实用性的开发理论，结合实战性的案例分析，为高尔夫地产入门者提供一个参考样本。

然而，我国高尔夫地产磕磕碰碰发展了三十年，相比起北美和欧洲仍有很大差距。在研究了国内多个高尔夫项目的开发案例，本书仍梳理出不少开发误区，比如高尔夫球场的经营定位与房地产不匹配、高尔夫综合资源与房地产结合不合理、高尔夫会籍的价格与房子销售脱节等，都是一些项目容易犯的错误，以此引起高尔夫地产入门者的注意。

理论结合案例，成功与失败的对比，希望对高尔夫地产的入门者有帮助。

目录 CONTENTS

01 高尔夫地产概念　　007
一、什么是高尔夫地产……………………………………………………008
二、高尔夫产业的开发模式………………………………………………009
三、高尔夫地产开发的常见误区…………………………………………013
四、高尔夫地产开发的合理时序…………………………………………015
五、高尔夫地产球会的经营管理…………………………………………021
六、高尔夫专业人才培训…………………………………………………029

02 高尔夫地产项目定位　　041
一、高尔夫球场结合房地产的三种开发模式……………………………042
二、高尔夫地产项目开发的定位方式……………………………………047
三、高尔夫地产物业的定价要点…………………………………………050
四、案例解读：南宁嘉和城"大型休闲主题复合社区"开发……………053

03 高尔夫地产项目规划设计　　067
一、高尔夫球场与房产设计难点…………………………………………068
二、球场与整体项目宏观协调的六个注意点……………………………070

三、高尔夫地产一体化规划设计 ……………………………………………… 073
四、高尔夫球场建设的分期工作 …………………………………………… 089
五、案例解读：济南嵩云湖高尔夫花园 …………………………………… 107

04 高尔夫球场运营管理　　　　　　　117

一、高尔夫球场运营管理常见问题 ………………………………………… 118
二、高尔夫球场经营策略 …………………………………………………… 121
三、用差别定价法提高高尔夫球场收
　　益的方法 ……………………………………………………………… 123
四、高尔夫球场客户时间管理 ……………………………………………… 125
五、高尔夫俱乐部的经营管理模式 ………………………………………… 129
六、完善高尔夫俱乐部管理体系 …………………………………………… 136
七、案例解读：辽宁铁岭龙山高尔夫俱乐部经营管理架构 ……………… 141

05 高尔夫地产营销策略　　　　　　　153

一、高尔夫营销的八个误区 ………………………………………………… 154
二、高尔夫营销体系梳理 …………………………………………………… 159
三、高尔夫地产综合资源整合 ……………………………………………… 168
四、利用综合资源做跨界营销 ……………………………………………… 189
五、案例解读：观澜湖高尔夫球会综合资源的价值分析 ………………… 193

06 高尔夫地产项目投资　　　　　　　197

一、高尔夫地产投资特征 …………………………………………………… 198
二、高尔夫地产投资利润率测算 …………………………………………… 204
三、构建高尔夫行业融资平台 ……………………………………………… 210
四、案例解读：上海佘山国际高尔夫俱乐部可行性分析 ………………… 226

高尔夫地产新兵入门 01

高尔夫地产概念

操作程序

一、什么是高尔夫地产
二、高尔夫产业的开发模式
三、高尔夫地产开发的常见误区
四、高尔夫地产开发的合理时序
五、高尔夫地产球会的经营管理
六、高尔夫专业人才培训

本章使用指南

高尔夫给社会经济带来的好处是多方面的：使土地资源增值，带动许多相关行业发展，其全世界的产值高达数千亿美元。从全球高尔夫的发展势态和高尔夫房地产的发展势态可分析出，基于高尔夫的经济效益、环境效益、社会效益，我国高尔夫运动及高尔夫房地产未来的发展具有客观必然性。

本章以概述性的形式，简单介绍了什么是高尔夫地产、高尔夫产业的开发模式、高尔夫地产的开发误区、高尔夫球会的经营管理等，描绘出高尔夫地产的特色轮廓。

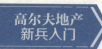

一、什么是高尔夫地产

高尔夫地产是高尔夫运动延伸至地产界的产物，其主要特点是高尔夫球场建设与房地产物业开发高度结合、紧密联系，在功能上形成互相配套补充，在价值上起到互相促进提升的作用。高尔夫运动天生就是和高档物业密不可分，两者开发经营的共同性都体现出最舒适、最休闲的生活方式。

1. 按照与地产开发结合程度分类

高尔夫球场与房地产结合的程度不同，会出现以下两种不同的高尔夫地产。

（1）高尔夫主题地产

所谓的高尔夫主题地产，是指球场内球道景观地产和部分与球场直接相连的球场边缘地产，具有鲜明的主题色彩，不可能成为主流，因为其体量太少。由于高尔夫主题地产球场球道景观别墅稀缺，因此常被居于金字塔巅而的富裕人群等人士拥有。

（2）高尔夫概念地产

高尔夫概念地产就是球场外部附有高尔夫概念的地产，包括练习场地产、与高尔夫捆绑促销的地产。高尔夫球场建设与房地产物业开发高度结合，功能上可以产生互补，提供的是高端休闲的生活方式。

中国高尔夫的发展远比不上美国历史的悠久和程度的普及，但不管是高尔夫主题地产还是概念地产，都受到了房产高端消费者的青睐，发展一日千里。

2. 按照价值主体分类

高尔夫地产与地产高尔夫二者的价值主体不同，各有利弊（表1-1）。

（1）高尔夫地产

高尔夫地产是以地产开发为营利核心，高尔夫球场作为整体项目的组成部分，投入相对

01 高尔夫地产概念

● 高尔夫地产与地产高尔夫的利弊对比　　　　　　　　　　表1-1

	利	弊
高尔夫地产	①对项目用地规模要求较"地产高尔夫"低； ②项目资金压力较小； ③资金回收周期较短； ④经营难度也相对较低	①球场标准较低，只作为地产的配套； ②市场辐射面较窄，对地产价值提升作用不如"地产高尔夫"大； 代表项目：提香草堂是属于典型的高尔夫地产类项目，以地产开发为核心，球场只是作为别墅的附加价值产生，主要以经济型别墅为主
地产高尔夫	①高标准的高尔夫球场引擎力强； ②其品牌优势及吸引的高端消费群能大幅度提升地产价值； ③有效带动项目甚至区域的发展	①用地规模要求高； ②高尔夫球场开发及维护的资金投入大，经营难度高； 代表案例：深圳观澜湖高尔夫，项目的发展模式是依靠高尔夫球场的品牌优势及高端消费群发展高尔夫增值型房地产

较小，目的是提升住宅的附加价值。

（2）地产高尔夫

地产高尔夫以高尔夫场地为经营核心，球场的资金投入相对较大，地产开发为整体项目的增值部分。

操作程序

二、高尔夫产业的开发模式

高尔夫产业的开发模式分为四种（图1-1）：

第一，整体开发，即依据高尔夫的项目规模做整体开发；

第二，作为娱乐休闲配套开发，将高尔夫作为商务会议的娱乐休闲配套进行开发；

第三，与房地产项目结合开发，将高尔夫球场与房地产项目捆绑在一起进行开发；

第四，多样性开发，由于行业发展带来的各种小型高尔夫项目的多样性开发。

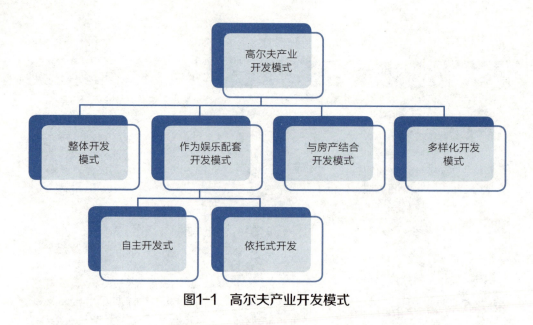

图1-1 高尔夫产业开发模式

1. 整体开发模式

模式特点：对资源的综合开发要求高。

高尔夫开发模式由整体项目规模及其地理位置决定，其中模式可重叠组合。开发模式对投入资金、场地条件、人力资源等方面要求相当高，但市场占有率高，其最终实现的是高尔夫资源综合开发价值的巨大突破，在"体验经济"即将到来的情况下具有很强的竞争力。

> **案例链接**
>
> 以深圳观澜湖为例，其开发模式是集高尔夫专业赛事、地产、假日为一体的大型综合项目。整个项目占地高达20万km^2，包括12个18洞赛事级球场、2家五星级酒店、4间高档会所，并开发建成了公寓、别墅、高尚住宅、多层、小高层、独栋别墅和联排别墅等住宅类项目。完善的配套设施和全方位的服务可全方位满足客人在会议、餐饮、专业赛事、假日等各方面的不同需求。

2. 作为娱乐配套开发模式

模式特点：对场地条件要求高，可以自主开发，也可以依托开发。

这种模式是将高尔夫球项目作为商务会议的娱乐部分，主要有自主开发式和依托式开发，两者对场地条件要求都比较高，自主开发的资金要求要比依托开发更高。

（1）自主开发式

该类开发模式对场地条件、投入金额要求较高，需大面积酒店占地以满足会议设施的建设。但是由于科技发展迅速、视频会议的不断使用，越来越多的商务会议决策者会选择购买旅行会议。已经有商务及政府人士视高尔夫球为其会议的重要组成部分，在未来的中小型会议中，酒店的配套设施是否包含高尔夫球项目将被视为决定是否购买的重要原因。

> **案例链接**
>
> 以南京钟山索菲特高尔夫球酒店和钟山国际高尔夫俱乐部为例，高尔夫球场与酒店共同开发，酒店内设有完善的会议配套设施，主要承接中小型会议，把商务会议作为主要服务来经营，高尔夫球作为会议必要的休闲娱乐组成部分。同时高尔夫球俱乐部亦可实行半会员制，除会议客源外，也自行拓展客源。

（2）依托式开发

高尔夫球场与会议中心或酒店达成协议，推出打包套餐，形成"会议 + 高尔夫"的经营模式。这种模式相对于自主开发投入资金更少，取得的成效一样。但对场地条件的要求较高，需要此类大型的会议中心周边提供合适的场地进行开发。

> **案例链接**
>
> 以北京乡村高尔夫球俱乐部和博鳌高尔夫乡村俱乐部为例，这两家高尔夫球俱乐部的周边均有大型的会议中心及酒店住宿，前者为怡生园国际会议中心，后者为博鳌亚洲论坛会展中心和索菲特酒店。

3. 与房产结合开发模式

模式特点：投资风险小，利润高，实际操作及管理相对大型球场项目较简单。

此类项目建造的高尔夫球场是不具有比赛级别的小球场，开发商主要以销售别墅住宅为主，高尔夫球只作为小区的配套设施以提升整个小区的形象和档次。这样的项目相对于开发商投资风险小，利润高，实际操作及管理相对困难的大型球场项目而言较简单。

> **案例链接**
>
> 以北京提香高尔夫俱乐部和别墅项目提香草堂为例，其在2004年被评为中国优秀景观别墅区，项目总占地1300余亩，规划有18万m^2别墅社区、35万m^2高尔夫、10万m^2农艺园、8万m^2水域、4万m^2的中央湖。整个项目只有一个9洞的高尔夫球场。

4. 多样化开发模式

模式特点：场地选择自由，球场主题多样。但是绿化投入很高。

随着时代变迁和科技进步，高尔夫作为一项在世界上流行了百年的运动迎来了其形式多样化的繁衍特点。这项在欧美已经风靡多年的新高尔夫概念，最近几年也在中国悄然兴起。

特征1. 场地选择比较自由

这类迷你高尔夫的场地选择比较自由，占地面积较小，不需像建设正式高尔夫球场那样对地面起伏等有严格要求。

小型高尔夫项目可以建在公园里、小区内和一些人们平时休闲娱乐的地方。并且与高尔夫相比，迷你高尔夫运动操作简单、技法单一，只需要一根推杆和一个球即可进行，初学者一般进行20min的学习之后就可以下场打球。

特征2. 球场形式风格多样

这类迷你高尔夫球场形式风格多样，可以做成园林式、庭院式、球场式、屋顶花园式或室内模拟自然环境的形式。甚至在设计上更加符合儿童的心理，球场内布置一些卡通人物、城堡等，使这项活动更加适合青少年和儿童参与。

01　高尔夫地产概念

特征3. 绿化投入稍高

迷你高尔夫球场的建设投入比社区周边区域的绿化投入高出很少,但其功能不仅可以美化环境,还可以为周边的居民提供休闲娱乐的场所。这样将绿化和高尔夫休闲娱乐融合在一起的理念将对高尔夫球运动在我国的普及和推广起到积极的作用。

> **案例链接**
>
> 2009年5月中国首届迷你高尔夫国际公开赛在昆明体育训练基地HELLO海埂高尔夫俱乐部举行。据不完全统计,至今中国在北京和上海只有为数不多的几家迷你高尔夫球俱乐部。

三、高尔夫地产开发的常见误区

高尔夫地产的开发不是简单的"高尔夫球场+房地产"的形式,两者并非割裂存在,而是相辅相成,具有紧密的关系。高尔夫地产的开发成败不仅取决于高尔夫球场和房地产物业各自产品做得如何出色,更关键的在于两者能否高度配合,形成良性的互动发展关系,各种资源条件能否互相促进,形成整体开发共赢的效果。当球场品质在行业内形成口碑后自然会出现圈内带动圈外的效应,慕名的社会效应开始形成认可的购买,有了球场价值才能有地产的高价格。

在大部分高尔夫地产的开发中,高尔夫球场与地产没有实现真正的融合与复合,而是两层皮的操作,导致了在品牌与客户资源以及销售渠道上无法共享,影响了高尔夫球场本身对地产和复合项目的促进提升作用。

高尔夫球场与房地产开发割裂体现在如图1-2的四个方面。

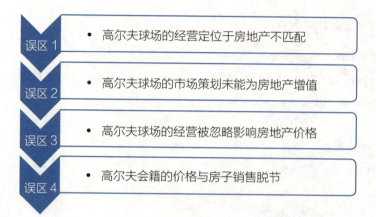

图1-2 高尔夫球场与房地产开发割裂的四个体现

误区1. 高尔夫球场的经营定位与房地产不匹配

高尔夫进入中国时间短，进入的身份是招商引资，只知其表不知其本的模仿在行业盛行，由于球场没有行业验收标准，没有资质认证的施工团队、监理团队和设计师，经常出现球场在建成后品质与投资金额相差甚远的问题，投下去的"大手笔"在开业不久就会频出"大状况"，投资商由于不懂高尔夫营销的基础除了球场以外，经营定位和服务团队的磨合也决定着会籍销售价格和门市收入，往往采取房地产销售思维要求职业经理人任当年就应"有投入就要有回报"，甚至为了能很迅速收回成本不设立经理职位或者提拔市场销售总监直接出任总经理职位，在经营手段上不与房地产定位相匹配，与球场为房地产增值的营销方向背道而驰，仅站在完成当年营业额的角度上运营球场，从而出现颇多影响投资商品牌的问题。

误区2. 高尔夫球场的市场策划未能为房地产增值

高尔夫地产在策划以球场为噱头吸引更多消费者购买房地产的活动中，因不了解高尔夫运动、高尔夫文化、高尔夫会所，常出现事倍功半的案例，不仅没能让球场为房地产增值，反而侵犯了球场会员的权益。

例如，高尔夫会所大堂成为地产销售展示中心，天天熙熙攘攘、进进出出，一个不懂高尔夫会所文化的开发商怎能设计出球友需求的社区环境。如此一来，球友不仅不买账，甚至还会放弃在球场的消费。

误区 3. 高尔夫球场的经营被忽略影响房地产价格

高尔夫球场的经营本质是长期持续的。球场品质决定着地产价格的趋势，决定着地产销售的业绩。高尔夫地产商对球场的经营经常是忽略不计，忽略这样的定位容易出现球场资产的严重缩水、管理服务体系的退化，久而久之沦为末位。

投资者必须明白，客户从球场经营就能看出高尔夫地产投资商的品位和要求，高尔夫球场的定位与经营是影响高尔夫房价的因素之一。在开发高尔夫地产前，球场的会员和嘉宾是调研的首要目标，也是未来房产的潜在客户。不打球的目标客户也应采用高尔夫循序渐进的邀约模式，在营销中注重持续地为客户提供增值、体验服务，在不断深化的客户关系中完成销售。

误区 4. 高尔夫会籍的价格与房子销售脱节

高尔夫球场和地产的销售本质在于长期经营和短期销售之分。球场运营虽说不上是"高科技"，但它所包含的"专业性"并不亚于其他行业。草坪维护、球场运营、餐厅经营、会所管理、客户服务等，只有让具备专才的人员管理，球场才能出品质。

高尔夫地产销售不能忽略了球友的口碑，以球友为核心吸引圈外的高层人士，在内外互动中形成销售是基础。这要求管理者对目标客户要有明晰的判断。当球场的建造品质和管理水平都处于配套、绿化的定位，单方面拉高有价无市的会籍价格在房子的销售中只会是掩耳盗铃。

四、高尔夫地产开发的合理时序

高尔夫地产的开发时序是开发商关心的主要问题。

一般来说，高尔夫球场和房地产的开发均是分阶段进行，如何确定高尔夫球场与房地产物业在不同开发阶段的先后顺序，把握球场和房地产的开发时机，关系到两者能否实现良性互动发展。

为达到依托高尔夫球场提升房地产价值的目的，两者的开发通常会采用高尔夫球场开发先行或高尔夫球场与住宅同步开发的时序。

步骤 1. 高尔夫球场商业投资分析

高尔夫球场项目战略分析要解决问题的层面不涉及同行业竞争问题，而是把所有的高尔夫球场都看成是一个整体，再从这个整体的眼光中去看待整个高尔夫行业的投资吸引能力。确切地说，就是如何去分析这个行业的外部竞争环境。得出的分析结果是要不要做这个投资的问题，然后才是考虑如何在行业内竞争及建立核心竞争能力的问题。

高尔夫球场的商业投资分析包括如图 1-3 所示的 6 个要点。

图1-3　高尔夫球场的商业投资分析

（1）上游供应商：数量影响谈判地位

上游供应商：指的是在球场建设中需要考虑与所有供应商或服务提供商进行谈判和讨价还价的能力。

球场的供应商和服务商来源：可能来自于政府土地提供、其他市政建设的配套要求、国内国外的球场设计公司、工程施工建设、地下设备设施提供、工程施工监理、绿化资源等。

注意：如果供应商数量很多，他们将处于一种完全竞争的状态，投资这些方面就会处于一个游刃有余的谈判地位，比较有利于控制投资成本。反之，关键供应方资源相对垄断或稀缺，则投资时获取的成本就会相应上升，最好的一个例子就是建设球场所用的土地。

（2）商业壁垒：决定项目的市场价值

这里的商业壁垒是如果你已经进行了球场这样的投资项目，如何才能最大限度地建立

01 高尔夫地产概念

一种与你发生直接竞争关系的潜在竞争者的进入壁垒，保障和持续你获得投资的盈利能力，尽可能不让新的潜在投资者来削弱你预期的利益。

注意：投资壁垒越大，对现有的投资者越有利，或者说现有的投资项目越具有市场价值。

高尔夫商业投资判断中会遇到如图1-4所示的3类壁垒。

图1-4　高尔夫商业投资判断的3类壁垒

壁垒1. 关键资源稀缺

典型的是土地资源。作为土地供应商的土地稀缺，对你产生的不利性在这里就反而变成有利要素了。因为土地的稀缺从而形成阻挡其他潜在投资者进入的巨大壁垒，所以要理性地平衡这种关系。

壁垒2. 投资者的退出成本

即启动这样的投资项目，如果投资者由于任何意外因素不再追加投资或要退出投资了，其可预见的损失是否足够巨大到不可接受的程度。退出成本越大其进入壁垒也越大，特别是那些没有拿到高尔夫项目开发许可权的投资项目。

壁垒3. 客户的转移成本

即原先市场领先者有没有一定能力最大限度地锁定你的客户。考验的是一旦有新竞争者进入，其现有的或潜在的客户是否会非常轻易转移到新的竞争者那边去。

（3）客户消费：影响球场的实际营业收入

球场的实际营业收入来自两种性质的消费：

第一，会员会籍的收入；

第二，会员、访客的打球消费。

会籍的销售收入是球场投资的主要和直接回报，它的成本是球场的投资费用；会员、访客打球消费的收入是球场本身运营的回报，它的成本是球场日常管理和维护的费用。私人、半私人、公众等球场的不同定位,形成球场本身对客户群的分割和取舍。不管哪种定位,均要与当地的经济状况、消费习性、地理资源、旅游资源等综合起来加以分析,以寻求最佳的客户消费吸引力。

(4)替代市场:影响球场的竞争性

替代市场是指启动高尔夫市场,主要客户可能来自于卡拉OK、桑拿、网球、台球、麻将、保龄球等娱乐项目。高尔夫虽然不能完全替代这些产业的消费,但可以获得相对保持竞争性的替代能力。

(5)互补市场:行业互动性、协同性的双赢者

互补市场的分析往往被很多投资决策者所忽视。对于球场投资的互补市场,可能来自于高尔夫作为奢侈品与高尚运动的定位、世界高水准赛事举办(老虎伍兹参加汇丰赛)、球具价格高低趋势、教练市场价格趋势、练习场数量(价格)趋势,以及这些市场之间的竞争程度,都会直接影响球场投资决策。

例如,球具品牌之间的竞争导致价格的下降、周边练习场数量的增加导致练球价格的便宜等均会直接有利于球场的投资,因为这些市场竞争的结果造就了更多的打球人。

互补市场不是球场投资的竞争者,而是行业互动性、协同性的双赢者。如果到一个中等城市投资球场,要更关心和促进这个城市互动市场的情况,比如练习场的投资等,以便推动互补市场的发展。

(6)政治因素:球场发展不可或缺的影响因素

在中国投资高尔夫球场,政治、政策、税务、舆论的因素都非常关键,投资者必须非常明晰这些因素对球场发展的影响程度。

步骤2. 率先开发高尔夫球场

高尔夫项目的前期投入相当巨大,应把资金的投入强度主要集中在前期。与高尔夫球场同时开发的物业,可优先考虑高档酒店、会所等与高尔夫项目最具有关联性的物业类型。如果开发资金过大,也可以考虑先开发小部分住宅以缓解前期资金压力。

(1)确定高尔夫球场建设项目

主要包括高尔夫会所土建与装饰工程以及道路工程、球场维护管理中心土建与装饰工

程、球场行政办公中心土建与装饰工程、员工生活区土建与装饰工程、高尔夫球场土石方工程、造型工程、排水工程、喷灌工程、坪床与植草工程、园林景观工程、球车道路桥梁工程、人造湖工程、卖店与凉亭工程、应急电源工程、喷灌水源补给工程、球场维护机械设备等。

（2）按风格类型划分球场类型

按照高尔夫球场的风格类型，可以划分为林克斯球场、欧石南荒地球场、平原疏林地球场三种（表1-2）。

按风格类型划分的三种球场比较　　　　　　　　　　　　　　　　　　　　表1-2

	林克斯球场	欧石南荒地球场	平原疏林地球场
概况	最早出现在苏格兰，特指海岸沙丘地区	国内比较普遍，在世界上也是种类最多的球场。比如山地、平原、丘陵、林间等都属于园林式球场	很古老的一种，受地理条件限制，仅在爱尔兰等少部分地方有
特征	多数位于海边；沙质土，通常有沙丘，很少有树；球道不平整，有一些自然的土丘、斜坡；沙坑多而且小，大部分都很深，因为要防止海风将沙吹走；气候瞬息万变，经常会有突如其来的降雨	人工修饰痕迹较多；多数有蓄水湖、花丛、树林等景观，大多修建在靠内陆地区	具有悬崖、峭壁、大海等景观，挑战性较大，大型比赛很少
代表球场	苏格兰圣安德鲁斯老球场、山东海阳旭宝	美国奥古斯塔球场、深圳观澜湖高尔夫	爱尔兰莱辛克球场

（3）其他划分方式的球场类型

除了按球场的风格类型划分之外，还有按球场种类划分、按球场大小划分、按球场属性划分等方式（表1-3）。

● 其他划分方式的球场类型　　　　　　　　　　　　　　　　　　　表1-3

划分方式	球场类型
按种类分	山丘球场
按种类分	河川球场
按种类分	丘陵球场
按种类分	海边球场
按种类分	沙漠球场
按种类分	森林球场
按种类分	平原球场
按大小分	练习场
按大小分	小型高尔夫球场
按大小分	中型高尔夫球场
按大小分	标准球场
按属性分	公众球场
按属性分	私人球场
按属性分	军方球场
按属性分	排名球场
按属性分	度假球场
按属性分	半公开球场

步骤 3. 后期开发住宅及高端别墅项目

　　住宅及高端别墅项目是高尔夫地产的重大利润来源所在。如果住宅项目放在前期开发，虽然可以产生收益，但无法达到最大收益。后期再做住宅开发的好处是，如果一旦出现资金危机，可退而求其次，开发少部分住宅，弥补资金危机。

　　高尔夫地产的开发目标应该是通过与旅游产业、休闲产业的结合参与城市运营，先造环境再造城，以此提升并发挥土地的最佳状态，使环境成为整个社会发展的有力承载者。

01 高尔夫地产概念

操作程序

五、高尔夫地产球会的经营管理

开发高尔夫地产资金投入量大,如何快速回笼资金、维持项目的正常运转,主要靠后期的运营管理。

一般的高尔夫地产都是通过高尔夫球会自主经营,并通过会籍的销售来回笼资金,实现开发高尔夫地产的资产增值。

1. 高尔夫球会相关概念

高尔夫球会一般指球场和会所的总称,这是会员活动的两个基本场所。

高尔夫会所是球场为客人下场前或打完球提供休闲服务的区域,也称高尔夫俱乐部。一个球会可能有好几个球场。

在我国,因南北差距、地区差异,不同地区高尔夫球会的设施、服务项目、经营定位、服务理念等均存在着差异。所以,高尔夫球会一般以市场作为平台,采用独立、自主、动态的经营方式。独立地面对市场,参与各种经济活动,自主经营,自负盈亏。尽管依附高尔夫球场,但它更是一种面向市场经营的经济组织。

2. 高尔夫球会模式

高尔夫球会的模式根据国内外的高尔夫球会经营现状,多半会采用会员制经营。会员制意味着进入球会存在一定的门槛。

一般会员制高尔夫球会有两种划分方式(图1-5)。

第一种,按照经营方式可分为半封闭球会、全封闭球会和私人球会三种。

第二种,按照核心竞争力分,可划分为精神领袖私密型球会、圈层文化集散型球会和综合娱乐功能型球会三种。

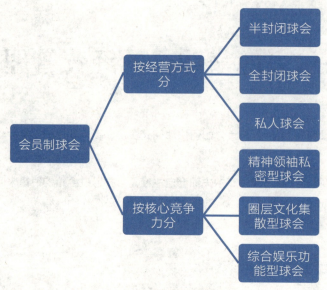

图1-5 会员制球会的分类

（1）半封闭球会

球场为业主所有，业主把球场的使用权分售给若干个会员，会员在约定的年限内（一般是按球场的土地使用年限）可按约定的权益优先使用球场，业主对球场的盈亏负全部责任，球场在满足会员的权益之后，可将球场对外开放经营。

代表类型：北京乡村高尔夫球会。

（2）全封闭球会

球场为业主所有，业主把球场的使用权分售给若干个会员，会员在约定的年限内（一般是按球场的土地使用年限）可按约定的权益使用球场，业主对球场的盈亏负全部责任，除会员及会员所携嘉宾外，球场不对外经营。

代表类型：北京太伟高尔夫球会、北京鸿华高尔夫。

（3）私人球会

球场为全体会员共同拥有，也只为会员（和会员所携嘉宾）提供服务，所有会员共同承担球会的全部责任，球场不对外经营。

代表类型：深圳西丽、东莞海逸、北京华彬、上海佘山。

（4）精神领袖私密型球会

代表球会：
上海佘山高尔夫、北京华彬高尔夫、观澜湖高尔夫。

目标客户：
对高球运动本身和高球文化有较深厚的理解，重视精神享受及私密性，强调自我价值实现感，隐性顶级人群。

核心竞争力关键词：
品牌、服务、超高端定位、私密性、唯一性。

核心竞争力分析：
这类的球会往往在传播上更加重视品牌效应，对超高端的目标客层进行精准营销，在球会的运营上重视对"专属服务"的打造，直指目标客户马斯诺需求层次的顶端，球场一般极少量接待访客甚至不接待访客，使得会员在精神层面得到更高的尊重享受和自我价值感，从而进一步锁定这类超高端客户，运营模式一般为封闭式运营。

在会员保持方面，这类球会多采用举办国际国内顶级高尔夫赛事以提高球会在行业内的知名度和对顶级目标客户市场持续的影响力，同时通过各类内部高端商务活动搭建超高端客户私密沟通的商务平台，以保证目标客户对球会平台的使用频率，一般由于该类球会强调私密性，很少同其他球会建立联盟关系，会籍数量有着严格的控制，因此在球会主题项目基础上对球会的相关配套有更高、更综合的要求，商务、休闲、度假、居住成为必需的高端配套，也使得数量极其有限的会籍具有极强的升值能力。

> **案例链接**
>
> 北京华彬会员身份多以世界500强、中国100强企业及各界社会名流组成，且档次颇高，已形成独一无二的顶级商务氛围，再通过庄园及城市俱乐部举办一系列会员高尔夫联谊活动、大型商务论坛和丰富多彩的娱乐节目，提供给会员相互间彼此了解沟通的机会，创造国际最佳商务平台。

（5）圈层文化集散型球会

代表球会：

南京钟山国际高尔夫、黄山高尔夫。

目标客户：

对高球运动和高球文化有一定理解但不深入，重视圈层文化及圈层文化的交流，强调球会带来的圈层价值转化为自我实现价值的动态过程，显性顶级人群。

核心竞争力关键词：

品牌、服务、文化理念、圈层性、延展性。

核心竞争力分析：

这类球会也重视品牌效应，同时传播上力图凸现高球文化本身。由于市场上大量高球会员的产生来自于商务或人脉需求，而该类人群对高球运动本身的热爱程度是有限的、次重要的，因此，此类球会在推广上瞄准的是圈层文化，据此无论是高尔夫球场的定位还是相关配套的建设都围绕着目标客户的圈层文化而进行。运营模式一般为半封闭半开放式运营。

这类球会在会员保持方面主要是通过与相关商家合作组织特色型小赛事、圈了文化活动等搭建圈层客群的交流平台，促进圈子文化在球会运营过程中产生附加价值。同时，此类球会重视球会的横向发展，与高尔夫的层次相匹配的其他行业（如奢侈品、保健、健身、汽车、地产、电信、金融行业等）结合起来，其实质也是向这些高端行业的市场营销延伸。资源共享，共同向对方延伸，实现双赢。也能通过其强大的延展性，吸引更多"圈子"客户，达到持续经营。

（6）综合娱乐功能型球会

代表球会：

春城湖畔高尔夫、湖南梓山湖高尔夫、丽江古城高尔夫、绍兴鉴湖高尔夫。

目标客户：

对高球运动和高球文化不一定理解，重视参与感及荣耀感，高球在此类客户心中不可算作真正意义上的运动，而是看作旅游或者度假中的一项休闲、娱乐的节目，是旅游或度假的一个组成部分。

核心竞争力关键词：

地域及地域品牌、自然资源、服务、综合性、功能性、高尚旅游度假。

01 高尔夫地产概念

核心竞争力分析：

此类高尔夫球会一般都依托于自然天成的自然资源所在地，要么依山，要么傍水，同时也依托于一个旅游度假项目的开发理念之上，其核心竞争力首先来源于其所在区域的区域品牌价值（这里主要指旅游价值）以及旅游资源的开发情况。在此基础上，高尔夫球会作为旅游名胜中一个绝对制高点出现，对于旅游度假人群中绝对高端人士有着巨大的消费吸引力。运营模式多为开放式运营。

在会员保持方面，此类球会多以旅游配套作为高附加值项目。作为功能性配套，在服务中更多地体现引导性和娱乐性，使得目标人群将高球运动娱乐化、休闲化。此类球会也会更多地考虑与其他球会（同类型）进行联盟，通过彼此自然资源和旅游度假资源的唯一性共享，形成彼此的高球会员间的一个互动体系，共同做大目标客户和目标市场。

> **案例链接**
>
> 丽江古城高尔夫，用林肯、奔驰等高档轿车全程专车接送，尊崇身份不言而喻；上门式登记服务，客房内办理入住，VIP礼遇，无需在前台等待；专业管家服务，召唤5min内到达，服务快速、及时、精准；酒店经理伴游丽江，详细介绍风土人情，并享受景点餐饮折扣。

3. 优秀的高尔夫球会营销要求

对于球会来说，最关键的是找到个别业务人员、个别市场、个别活动的成功因子，对这些成功因子进行筛选、分析、提炼和完善，总结出一套在高尔夫市场中能有效操作的方法，把这种成功方法在球会内部进行推广和应用，会产生裂变效果，导致规模经济效能，使球会的营销成果迅速增大，提升企业的竞争力，确立市场地位。

优秀的球会营销模式的主要特性有两个：

（1）可复制性

可复制才会产生很大的威力，它产生的是一连串反应，由点到线，由线带面。球会的营销主要靠圈层营销，球会的可复制性即是找到正确的圈层，以圈层中的某一个点为突破口，带动整个圈层，从而实现由点到线再到面的营销。

（2）业务流程标准化

标准的业务流程就是将某一事件的标准操作步骤和要求以统一的格式描述出来，用来指导和规范日常的工作。标准化的精髓就是对工作细节进行量化，用数字说话。业务流程标准化的关键是最优化，这样做是最简单、最有效、成本最低的方式。业务流程标准化就是细化、量化、优化的概念。

4. 高尔夫球会回笼投资资金的办法

高尔夫球会的会籍销售是球场建成营业后的一笔数目巨大的收入，同时也是回笼投资资金的第一大步。会籍，简而言之就是打球人购买的优先廉价打球权。这些俱乐部的会籍销售有两种不同的方式，一种是商业盈利的会籍销售，另一种是非盈利的销售。盈利的会籍销售一般分为股权式会籍和非股权式会籍（图 1-6）。

图1-6　高尔夫会籍销售分类

（1）股权式会籍销售

所谓股权式会籍，即由球友集资筹建球场，再招募球场管理团队。每一位参股的球友既是会员又是股东，对球场的营运有话语权，但是这些会员需要对球场的经营自负盈亏，会籍升值会员能够从中获利，但球场的养护、日常运营的开销都由会员负责，而如果经济动荡或者其他原因导致会籍价值变动，也必须由会员自己承担。

（2）非股权式会籍销售

非股权式会籍同国内的会籍相似，会员不拥有股权，需要缴纳会费来维护球场建设并交纳一定税款，但不需要对球会的盈亏负责。这类会籍销售通常是培养当地销售团队，量化关键指标，再实施有效策略，从而达到营销效果。

（3）非营利的会籍销售

非盈利的会籍销售相对比较特殊，这类会籍销售绝非为了赚钱，会籍价格都不算高，一般属于邀请式入会。最典型的莫过于奥古斯塔球场。奥古斯塔俱乐部约有会员 300 人，都是美国最顶尖的政界、商界精英名流。会籍不是随便就可以购买，入会只能通过会员推荐，并经过一系列烦琐的审核才能申请获得会员资格，而且只有当现任会员退出或去世，申请者的资格才能转正，俱乐部实行非常私人化的管理，会员名单对外保密。而圣安德鲁斯老球场附近一个会所招募会员时要由三名会员联名推荐，且他们在三年内不能推荐第二个人选，还要通过 5 个会员同意，而 5 年内只能同意一个人入会，同时必须接受 15 年的考察，没有劣迹、符合要求才能入会。如此苛刻的入会条件并不是每一个人都可以满足，但保证了会员的高度荣誉感。

> **案例链接**
>
> **高尔夫会籍销售新模式**
>
> "无限注册会籍"理念的出现，不仅从根本上改变了中国人参与高尔夫运动的方式，更在理念上和国际接轨，改变中国高端人士对于旅行休闲的定义。
>
> 从高尔夫运动本身来说，"无限注册会籍"的出现将极大地促进高尔夫运动在中国的普及，将有更多人在旅行和打球的乐趣中重新认识这项运动，也可以让国人更加深入地理解高尔夫运动的精髓。
>
> 从球场经营者来说，通过和"无限注册会籍"平台的合作，可以打破传统的地域小圈子，整合当地的文化旅游产业，加强全国乃至全世界球友的交流，从而以更小的投入达到更大的推广，也可以将投入的资金全方位、全时段充分利用，达到更好的收益效果。
>
> 从球友的角度来说，作为一个地域的王者显然难以满足您征战的本性，通过此平台，您可以走遍国内的大好河山，在不同特色的球场中检验您的实力，同时它也无限拓展了您的商务交友平台，在未来您甚至可以家庭旅行、商务谈判两不误。
>
> 对于新生的事物，我们无法给予其绝对的判断，在中国特色的土地上，究竟什么样的会籍制度更符合高尔夫运动的发展呢？或许只有通过实践我们才能得到答案。

5. 高尔夫球场吸引客户的策略

利用投资回报价值吸引客户是房地产高端项目的共同特点。高尔夫地产也不例外。

在国内，高尔夫会籍终究还是属于一种高端商品，因此它必然要符合市场经济的基本规律。一般而言，会籍会被分批推出，价格逐渐上升，投资回报价值是吸引球友的重要原因之一。从高尔夫爱好者的角度考虑，会籍证除了能降低打球成本，能享受到会员待遇，也希望有一天会籍的价格会涨上去。高尔夫会籍作为一个投资性的产品，必须具备如图1-7所示的基本条件。

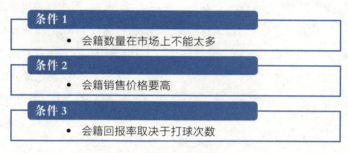

图1-7　高尔夫会籍作为投资性产品的三个基本条件

条件1. 会籍数量在市场不能太多

首先会籍的数量在市场不能太多，太多了就得掉价。如果会员数量少，会籍不容易在市场买到就能形成一个精品的概念，价格和投资价值自然就上去了。此外，球会方面必须要保证自己的品质，比如说球场应该每年都在全国都处于领先位置，获得市场的认可。也就是说球场的品质是会籍价值的保证。会员会比较看重球场的设备、品质，希望是一个可以带朋友来享受的好球场，不过，如果年费太高会员也可能选择放弃会籍。

条件2. 会籍销售价格要高

购买初期是从投资、增值的角度考虑，但如果在增值后转手时需要花费太多的话，也很难赚到钱。但反过来说，球会需要呈现出高品质的球场，维护、保养的费用也不低，好的球场当然更吸引人，价格更高，会员手上的会籍价值才能上去，但会员则希望自己付出的费用低，同时还能有一个增值的空间。这就是一对矛盾，球会有球会的考虑，会员有会员的想法，这就需要两者之间有一个平衡点，会籍的价格、数量、年费等，其实双方最终的目的是一致的，都是想要保持会籍价值，只是在费用方面需要找到一个平衡点。

条件3. 会籍回报率取决于打球次数

从投资回报率看，如果打球次数相同，会员和非会员需要的费用之间的差额，从终身制的层面来考量，通过多年的不停使用，会籍固然是升值的，这主要是针对高尔夫爱好者而言。当然，这也得分不同的会员，比如说外地的、使用次数比较少的会员，每年才打十几次球,其增值幅度肯定小;但本地、狂热的高尔夫爱好者,每周打几场球,一年打球上百次,虽然会籍本身的价格没变,实际上他的会籍也增值了。从这点来说,投资回报大小因人而异,用得多回报率就高,用得少回报率就低。第二层增值意义就是会籍市面价格和购买会籍时价格之间的差价,这种比较直观,当然也要从市场大环境、通货膨胀等方面综合衡量。

操作程序

六、高尔夫专业人才培训

行业的发展需要人才的支持。解决我国高尔夫专业人才供不应求的根本办法,是建立完善的人才培训机制,推进培训机制的落实,真正促成高尔夫人才为行业作贡献。

1. 高尔夫人才的专业素养

在高尔夫产业中,职业经理人的行业经验与个人素养,是影响行业发展的重要因素。高尔夫地产的健康发展离不开对人才的迫切需求,特别是管理层面上的人才。

(1)职业经理人必备的8项专业技能

外行看热闹,内行看门道,行业经验是职业经理人合作谈判中最重要的筹码,高尔夫的行业专业主要包含如图1-8的8个方面。

技能1	项目筹建
技能2	项目建造
技能3	球场运作管理
技能4	草坪管理
技能5	酒店管理
技能6	赛事运作
技能7	市场推广和销售
技能8	对高尔夫文化和精神的理解

图1-8 高尔夫职业经理人必须具备的8项行业经验

技能 1. 项目筹建

所谓的项目筹建，是指参与整个大项目，包括球场、会所、餐厅、客房等功能设施的筹建。一个好项目在筹建过程中，将对球场进行选址考量、市场分析、财务分析等工作，综合大量数据，权衡各方利弊最终才得出可行性方案。在这个阶段，球场的定位、战略目标、发展方向、经验策略等基本上将定下来，如果职业经理人不能在此阶段介入，后期难免会出现对球场定位和发展的理解有偏差等情况，不能根据自己的经验纠正尚欠妥当的决策，最终出现经营思路与当初的战略背道而驰的情况，导致重复投资、成本浪费等。

技能 2. 项目建造

项目的筹建包括项目规划、球场设计、球场施工等。不论国内还是国外，球场建成之后开业一两年就被迫进行翻新改造的案例屡见不鲜，或是球洞设置不合理，或是工程质量出问题等。当然，并不是说职业经理人参与项目建造，类似的问题就可以完全避免，但懂得球场建造方面知识、有成功经验的经理人参与其中，可以降低上述问题发生的风险。

> **案例链接**
>
> 为什么职业经理人要参与球场设计？不少所谓的大牌设计师，实际上很少来、甚至从来都没来过球场，他们只是根据地理构造图画了图纸。更有甚者，连画图纸都没有参与，只是签了名而已，美其名曰"签名设计"。如果职业经理人参与到球场建造的过程，就会提早发现很多可能在后期经营中出现的问题。

技能 3. 球场运作管理

球场的运作内容也极其丰富，包括保安、接包、前台、出发站、球童、巡场、更衣室等。除了这些基本功能的运作之外，还包含专卖店、练习场、球场配套设施、SPA 等运作。球场运作管理可谓职业经理人的"正业"，是投资商最重视的能力，运作专业人才是目前我国高尔夫行业最缺乏的人才。

不同球场运作的流程大同小异，但实际操作管理却各有千秋。在不同球场有不同运营管理经历的职业经理人，其能力水平也不尽相同。比如在度假型或都市商务型球会中，因每年打球人次不同，运作管理的手段和方式也不一样：年打球人次超过 6 万人次的都市球场，能保证会员订到场，保证不"塞车"运作；而在年打球人次不足 2.5 万人次的度假型球场中保证低成本运营、不亏损，这些都是能力的体现。

技能 4. 草坪管理

草坪管理也是职业经理的能力之一。草坪可以说是球场的一张脸,给球友带来最直观的感受。草坪管理需要很专业的知识,包括草种选择、病虫害防治、杂草防治、喷灌施肥、打孔作业、养护设备维护等。草坪管理职业经理人未必样样精通,但也不可不懂。

技能 5. 酒店管理

职业经理人还应该具备的行业经验包括酒店管理,其中最重要的是客房管理和餐厅管理,球会的餐厅设置根据球场定位而定,或是一般中餐厅、西餐厅、主题餐厅。

技能 6. 赛事运作

赛事运作能力也是职业经理人能力评估中重要的一项,而赛事也根据不同类型分为国际职业、业余赛事,国内职业、业余赛事,根据赛事的规模大小,职业经理人所扮演的角色和体现的能力也不一样。

技能 7. 市场推广和销售

市场推广和销售是职业经理人除了运营管理之外最重要的能力指标,这也是投资商回收资本的重要一项。如何根据球会的定位、本身的配套、市场的特殊情况、未来的发展方向等制定相应的会籍产品,并用正确的手段进行包装推广,最终被消费者认可,这是职业经理人必备的能力和应有的职责。这里面其实包含了对市场的熟悉程度,客户档案表的建立,对球友消费习惯和趋势的把握,对促销推广方式的创新等等。

技能 8. 对高尔夫文化和精神的理解

行业经验中,高尔夫职业经理人还有一项十分重要而且必不可少的能力——对高尔夫文化和精神的理解。高尔夫在国外已经发展了 500 多年,国外人士对其文化沉淀和精神内涵已经有较深的理解;而高尔夫在我国才发展不到 30 年,行业中难免出现急功近利、杀鸡取卵的行为。而职业经理人,作为球会的掌舵者,对高尔夫文化和精神的理解将直接决定着球会驶向何方、走得多远。

(2)职业经理人的个人素养

在我国高尔夫产业中,有不少业内影响力很强的职业经理人,有著名项目成就职业经理人的案例,亦有职业经理人个人魅力让项目声名远播的案例,因此除了行业经验外,职业经理人个人素质对项目的经营举足轻重(图 1-9)。

图1-9　高尔夫职业经理人的个人素养

1）基本素质

基本素质包含以下几个方面：

第一，健康的体魄。身体是革命的本钱；

第二，个人形象。这点是经常被忽视的，职业经理人代表的是球会；

第三，人品。一个人是否诚实，是否有责任心，这往往是投资商挑选职业经理人的第一道坎，也是职业经理人获得投资商信任的关键。

关于职业经理人的人品，在行业规范尚未制定、高尔夫职业经理人职业道德评判准则尚未确立，基本上依靠业内的日积月累的口碑；心态，是否乐观、有抗压能力、会控制自己的情绪等。积极乐观的职业经理人不仅能给团队带来轻松氛围，还能给客人留下良好的印象。

2）知识能力

高尔夫职业经理人应该具备一些常用的基本能力，比如法律知识、财务知识、网络知识、外语能力等。其中财务知识显得尤为重要，一位懂得为投资商节省成本、合理避税的职业经理人，他的作用不可忽视。

3）领导能力

领导是一门艺术，博大精深，但也可归结于以下几方面：

第一，思考力，有全局性、长远性、战略性的目光，对市场有一定洞察力，能透过现象看到事物的本质，同时兼具远见能力，为球会的长远发展考虑。

第二，决策力，拥有制定企业长远发展的战略目标和规划的能力，评估公司内外部环境、竞争力的能力，懂得科学决策，制定企业规章制度等。

第三，执行力，坚定不移执行投资商的战略，拥有百折不挠的精神。

4）沟通能力

高尔夫职业经理人的沟通能力主要体现在跟业主、政府、供应商、员工、会员、嘉宾、旅行社、中介、媒体等方面的沟通。这体现的是职业经理人的倾听能力、语言表达、公关、化解冲突、解决矛盾、解决突发事件、处理人际关系等方面的能力。此外，高尔夫职业经理人也应该具备很强的谈判能力。

5）团队组建能力

高尔夫职业经理人不可能三头六臂，事必躬亲也并非明智的管理方式，因此，一个团队是否理想也是职业经理人能力体现的关键。团队组建主要体现为培训、考核、评估能力，职业经理人是球会的火车头，能带领大家一起向前，这其中需要会把自己的知识、技术、方式方法教给下面的人，培训后设置合理的考核方式。评估是十分重要的一环，职业经理人要会知人善用，会分配工作，会为下面的人指明发展的目标。同时，团队的凝聚力、创造力取决于职业经理人的激励制度。

2. 我国高尔夫专业人才现状

随着高尔夫在我国的深入发展，行业对高尔夫从业人才的需求缺口正在进一步扩大。高尔夫在我国是新兴行业，同其他成熟行业相比，我国高尔夫经营管理人才匮乏，高尔夫教育事业培养的人才远跟不上高尔夫现实人才短缺这一现状，很多人才不得不依靠引进，加剧了投资成本。高尔夫从业人员素质低、专业基础薄弱，严重制约着我国高尔夫的发展。

（1）行业发展对高尔夫人才提出更高的要求

社会产业的发展需要专门人才的支持，人才的培养在于教育，尤其是新兴产业对教育的呼唤更是显得紧迫和强烈。

高尔夫球是一项尊贵而又高雅、自然健康的贵族休闲运动，是特有的一种绿色、高雅、健康、阳光的文化，吸引了社会各界成功人士。高尔夫也成为精英汇聚的场所及交流平台，已经成为高级商务谈判的重要场所。

全国高尔夫球场如雨后春笋般地在各地兴起，随着高尔夫行业发展日趋成熟与规范，对高尔夫从业人员的素质要求也越来越高。

（2）高尔夫人才需求缺口逐步扩大

伴随着高尔夫行业的迅速发展和整体水平的不断提高，高尔夫从业人员的数量和质量已远远不能满足行业发展的需要。一个普通的27洞的高尔夫俱乐部（高尔夫俱乐部至少要有

18 洞）的运行需要 500 左右的员工。由于新建球场的增加速度远远超过高尔夫从业人员的增长速度，造成高尔夫人员极度短缺，目前高尔夫从业人员的数量和质量远远达不到高尔夫行业发展的需要。

高尔夫行业对人才需求有很大缺口体现在如图 1-10 所示的三个方面。

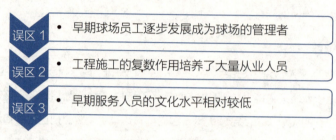

图1-10　高尔夫行业对人才需求有很大缺口的三个体现

体现 1. 球场的管理者由早期球场员工逐步发展而来

这个群体数量比较小，现在大部分都已成为工作的领导者，他们成长的过程也影响了一大批人，逐步成为高尔夫的从业主体。但伴随着高尔夫整体规模的不断扩大，对管理者的经营和管理提出了更高的要求，所以更多的既熟悉高尔夫行业专业知识、又具备专业的商业运作和管理的高尔夫管理人员成为高尔夫行业急需的高级管理人才。

体现 2. 大量从业人员专业性来自工程施工培养出来的专业性

在球场施工过程中需要大量的人力，要想做出高质量的工程就必须做培训，使他们掌握专业技能，从而成为施工、管理的主体，最终进入球会进行基本运营工作，在这个群体中从事草坪园林养护的人员占绝大部分。

体现 3. 早期服务人员的文化水平相对较低

由于中国早期的高尔夫俱乐部都仿效国外模式，但又没有专业的服务人员，此外，为了养家糊口，社会上的其他人员也进入高尔夫行业，这些占行业大部分的服务人员有很大部分是高中文化，文化水平比较低，但由于近年来高尔夫行业发展越来越规范、服务水平要求也越来越高，而且早期的服务人员年龄也越来越大，所以大批专业的高素质高尔夫服务人员，如球童、前台接待、会所服务员、巡场员等成为现在最需要、需求量也最大的高尔夫亟需人才。专业学校输出的学生，包括酒店、旅游、服务、建工、园林园艺、草坪草业、农业院校的学生专业比较对口，但其仍满足不了高尔夫现在的行业需要。

（3）高尔夫专业人才培养滞后

高尔夫作为一个新兴产业在中国发展 20 多年来，但产业发展的主力军——人才的培养却一直没有跟上成了阻碍高尔夫发展的因素之一。目前中国高尔夫各个方面的专业人才都非常的匮乏，而具有高尔夫专业知识和技能的高端管理人才更是凤毛麟角。

以每个标准十八洞球场需要四百个专业技师人员来计算，中国急需超过十万的专业高尔夫人员。但现在，全国仅有深圳大学、同济大学、暨南大学、复旦大学、湖南涉外经济学院等高校开设高尔夫球运动与管理的相关专业，而且每年学生的毕业人数只是在一千人左右，人才供应数量远不能满足巨大的消费需求。另外，我国现有高尔夫从业人员大都没有受过专业教育或培训，高尔夫球俱乐部只有通过高薪聘请国外专业人才以解高层管理人员短缺的燃眉之急，或降低标准聘用非专业人士来维持高尔夫球场的日常运营。

（4）高尔夫教育缺乏系统的培养模式

高尔夫教育在我国发展仅数十年，总体水平仍较低，仍处于起步阶段，办学经验严重欠缺。目前开设高尔夫专业的学校基本上处于摸索发展的阶段，因办学时间较短，对高尔夫专业的办学模式还不能深刻全面认识，同时，缺乏学校之间的专业探讨及与高尔夫企业之间的行业交流，也往往导致高尔夫专业很难积累成功的经验。部分学校的高尔夫专业探索与企业或高尔夫协会的合作办学，但往往流于形式，缺乏系统的培养模式，教学效果不能达到预期目标。

3. 我国高尔夫产业人才培养对策

经济的发展带动了高尔夫产业的消费需求，因此也对高尔夫人才提出了更高的要求。尽管如此，专业人才在我国的发展仍然有较大的缺口，一方面是通过机制的形成与完善来弥补空缺，另一方面还应通过社会各界的共同努力，为高尔夫行业培养更多人才。

（1）设置专门课程培养专业人才

高尔夫人才的培养必须有针对性，通过不同的课程，为行业输送各种各样的人才，其中人才的方向有三类：高尔夫产业服务与管理人才、高尔夫球场建造与草坪养护人才、高尔夫市场营销人才等（图1-11）。

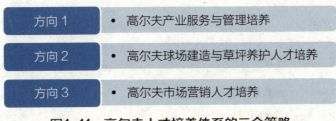

图1-11 高尔夫人才培养体系的三个策略

方向 1. 产业服务与管理培养

高尔夫产业服务与管理专业主要培养具备高尔夫产业相关知识和综合能力，掌握必要的高尔夫技术、高尔夫俱乐部经营管理、高尔夫市场营销、高尔夫赛事组织、高尔夫草坪养护等方面的专业知识和专业技能，能够胜任高尔夫球会、公司等机构管理岗位的应用型专门人才（表1-4）。

● 高尔夫产业服务与管理职业技术课程设置　　　　　表1-4

课程名称	职业能力目标	课程主要内容与要求
高尔夫运动技术	掌握高尔夫运动技术正确动作，了解高尔夫运动基本教学方法，具备一定的高尔夫运动技能	主要课程内容为高尔夫挥杆技术、高尔夫下场实践。要求挥杆动作规范，具备下场能力，成绩达到一定标准
高尔夫竞赛组织与管理	熟悉高尔夫赛事运作管理流程和管理经验，能独立或者配合完成一般级别赛事的组织管理和运作	学习赛事赞助、运作、媒体相关知识，了解赛事组织运作各个环节的实际操作细节
高尔夫草坪学	了解高尔夫草坪养护相关知识，掌握一般草坪养护设备的操作技能。具备防治一般球场草种的病虫害的能力	主要课程内容为草坪种植、草坪养护、景观、病虫害防治等，以实践和实验为主要教学方式，实践和理论相结合，增强学生实际操作能力
高尔夫俱乐部管理	了解高尔夫俱乐部管理相关内容，并在基层岗位有一定的实习经验，具备高尔夫俱乐部基层管理的能力	主要课程为高尔夫营销、高尔夫设施管理、会所管理、会员管理、财务管理、高尔夫会籍管理等，让学生掌握高尔夫俱乐部一般岗位管理知识经验

方向 2. 球场建造与草坪养护人才培养

高尔夫球场建造与草坪养护专业注重德、智、体、美全面发展，熟练掌握高尔夫球场建造和养护管理专业所需的基本知识、基本技能、基本政策，具有较强的高尔夫业务操作能力，洞察形势、随机应变的能力，独立分析解决实际问题的能力，培养高尔夫球场运营与管理、球场设计和建造、高尔夫球场及设施的维护、与本行业工作相关的应用型专门人才(表1-5)。

高尔夫球场建造与草坪养护人才职业技术能力课程设置　　表1-5

课程名称	职业能力目标	课程主要内容与要求
高尔夫运动技术	掌握高尔夫运动技术正确动作,了解高尔夫运动基本教学方法,具备一定的高尔夫运动技能。熟悉高尔夫礼仪、高尔夫运动规则	主要课程内容为高尔夫挥杆技术、高尔夫下场实践。要求挥杆动作规范,具备下场能力,成绩达到一定标准。要求熟悉高尔夫礼仪、高尔夫运动规则
高尔夫球场规划与设计	通过专业课程学习和锻炼,使学生懂得球场设计原理。能够对高尔夫球场的各种设计图纸进行解读和初步制作。掌握1~2种设计软件	讲述高尔夫球场设计和建造的一般程序和要点,介绍高尔夫球场草坪的基本草种及草坪学基础知识。介绍1~2种电脑设计工作软件
高尔夫球场建造施工技术与概预算	了解高尔夫球场建造的一般程序和要点。草坪建植和初期养护程序	讲述高尔夫球场建造的一般程序和要点。草坪建植和初期养护程序
球场设施管养技术	掌握高尔夫技术教学步骤,培养学生具备管理球场和筹备高尔夫赛事的基本业务能力。掌握球场养护机械的基本操作	讲解高尔夫球场基本养护措施;高尔夫球场养护、高尔夫赛事准备和组织等知识
草坪保护技术	保证草坪生态环境安全,增强草坪功能,使之在提高高尔夫球场草坪质量中发挥应有的作用	最大限度地综合草坪有害生物及其防治信息,介绍草坪有害生物的形态结构、分类方法与系统、分布特点等,揭示种群和群落的生物学和生态特征,分析成灾规律,研究控制灾害的对策

方向3. 市场营销人才培养

高尔夫市场营销专业主要培养具备高尔夫产业相关知识和综合能力,掌握必要的高尔夫技术、高尔夫俱乐部经营管理、高尔夫市场营销、高尔夫赛事组织、高尔夫草坪养护等方面的专业知识和专业技能,能够胜任高尔夫球会、公司等机构管理岗位的应用型专门人才(表1-6)。

高尔夫市场营销专业职业技术能力课程设置   表1-6

课程名称	职业能力目标	课程主要内容与要求
高尔夫市场营销	掌握高尔夫营销策划、市场开发、市场管理及市场维护,具备有一定的产品销售、市场分析、策划与管理能力	主要课程内容为高尔夫市场营销的基本概念、理念,营销战略规划;通过教学,让学生掌握高尔夫市场营销的基本理论,形成较强的营销实践能力
高尔夫竞赛组织与管理	熟悉高尔夫赛事运作管理流程和管理经验,能独立或者配合完成一般级别赛事的组织管理和运作	学习赛事赞助、运作、媒体相关知识,了解赛事组织运作各个环节的实际操作细节
高尔夫草坪学	了解高尔夫草坪养护相关知识,掌握一般草坪养护设备的操作技能。具备防治一般球场草种的病虫害的能力	主要课程内容为草坪种植、草坪养护、景观、病虫害防治等,以实践和实验为主要教学方式,实践和理论相结合,增强学生实际操作能力
高尔夫俱乐部管理	了解高尔夫俱乐部管理相关内容,并在基层岗位有一定的实习经验,具备高尔夫俱乐部基层管理的能力	主要课程为高尔夫营销、高尔夫设施管理、会所管理、会员管理、财务管理、高尔夫会籍管理等,让学生掌握高尔夫俱乐部一般岗位管理知识经验

(2)专业人才的培养需社会多方配合

如何培养出高素质专业人才,需政府机构(教育部、中国高尔夫球协会)、企业界、高等院校三方面相互配合。

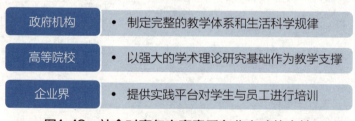

图1-12 社会对高尔夫高素质专业人才的支持

支持1. 政府机构

由教育部发文凭,中高协发放证书,制定完整教学体系和生活科学规律,使每一个学生全面发展,再依学生的趣向及条件分科。

支持 2. 高等院校

第一，大学有强大的学术理论研究基础，提供实用和符合中国经营方式各项实际需求。

第二，与国外厂史悠久的高尔夫学院签约，借重其师资及教材，尽快编译统一的教材。

支持 3. 企业界

第一，球会提供实践平台，作为教学基地，而大学生透过实地操作，了解球会各部门如何衔接、运营、维护等具体工作。

第二，整合串联各球会，成立统一培训中心，对现有的在职管理人员进行再培训，以提高管理水平。

4. 美国高尔夫管理人才培养模式借鉴

美国 PGA 职业高尔夫管理教育项目的英文全称为 The PGA Professional Golf Management Program，简称 PGA PGM。这个教育项目由美国职业高尔夫球协会（简称 PGA）教育中心统一管理，主要为高尔夫产业界培养既懂经营、管理，又掌握扎实的高尔夫专业知识，并具有较强实际工作能力的职业高尔夫管理人才。

（1）美国高尔夫人才培养的两种途径

第一种是完全的职业教育性质，主要针对在职人员（包括高尔夫从业人员），学习形式主要是自学和专题讲座。

第二种是高等教育与职业教育相结合的人才培养模式，即 PGA 与高等院校联合办学，学生在校期间不但要修完各个大学所规定的学位课程，还要达到 PGA 所规定的各种要求，包括理论课程，实习与实践以及打球能力测试，学生须至少完成 PGM 教育项目总共 36 个学分中的 28 个学分，学生毕业后成为 PGA 的 A 级会员和职业高尔夫球教练。

这两种培养途径的高尔夫专业课教学资源都由 PGA 教育管理中心统一提供，包括全部的高尔夫专业教材和学习资料，委派专家担任专题讲座的主讲，并且所有的高尔夫专业理论考试、技能测试，以及球技水平测试都由 PGA 统一组织，PGA 对人才的培养质量全面把关。

（2）高等院校开设 PGA PGM 教育项目须获得授权

美国的高等院校开设 PGA PGM 教育项目，须获得 PGA 的授权和认证。PGA 非常注重维护 PGA 在行业中的品牌形象，所以，对 PGM 教育项目的授权是非常谨慎和严格，到目前为止，美国一共有 100 多所大学向 PGA 申请开设 PGM 专业，但仅有 17 所大学得到授权，每所大学限定招生人数为 300 人，修业年限四年半到五年。

新手知识总结与自我测验

总分：100分

第一题：高尔夫产业有哪几种常见的开发模式？（20分）

第二题：什么是高尔夫球会？（15分）

第三题：如果你是一名高尔夫职业经理人，你需要具备哪些专业技能？（25分）

思考题：为了确保高尔夫地产发挥最大的经济效益，怎样是最合理的开发时序？（40分）

得分：　　　　　　　　签名：

高尔夫地产新兵入门 02

高尔夫地产项目定位

操作程序

一、高尔夫球场结合房地产的三种开发模式
二、高尔夫地产项目开发的定位方式
三、高尔夫地产物业的定价要点
四、案例解读：南宁嘉和城"大型休闲主题复合社区"开发

本章使用指南

我国大部分地区的高尔夫地产开发基本都是模仿国外高尔夫房地产开发及运营模式，通过房地产与高尔夫球场绑定发展，开发了不少大型的高尔夫庄园、高尔夫别墅、高档公寓。由于受地形限制，高尔夫地产项目的开发千差万别，生搬硬套其他项目的做法并不可取。

本章介绍了高尔夫项目的三种开发模式，提供了高尔夫地产项目定位的参考方式，探讨了提高高尔夫地产物业定价的几个要点。高尔夫地产项目如何定位，因地制宜很重要。

操作程序

一、高尔夫球场结合房地产的三种开发模式

高尔夫球场与房地产结合开发，根据开发主体的不同，常见的有三种模式。分别是高尔夫为主体开发模式、旅游为主体开发模式和房产为主体开发模式。

1. 高尔夫为主体开发模式

这种模式的运作方式以高尔夫球场知名度打造为核心与切入点，通过球场品牌的打造吸引全国各地高尔夫爱好者，通过这群人的实地体验，为地产的销售积累了大量客户资源。同时通过客户口碑的传播，实现了更广泛范围的客户资源积累（图2-1）。

代表案例有：深圳观澜湖、华彬庄园、丽江古城湖畔高尔夫复合项目、春城湖畔高尔夫复合项目。

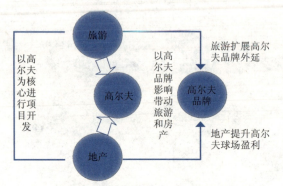

图2-1 高尔夫为主体开发模式

（1）该类模式成功开发的关键4要素

第一，把高尔夫球场作为整体复合项目成功之核心；

第二，强调高尔夫球场品牌的成功塑造，为地产价值的提升及地产销售积累人气；

第三，专注高尔夫球场客户资源的经营，为地产销售积累口碑与客户基础；

第四，以高尔夫为核心的高端生活方式的塑造是整体复合项目之灵魂。以高尔夫球场为核心行销高端生活方式，让高端生活方式成为旅游项目以及地产项目之魂，从而建立高尔

夫地产项目之精髓。

（2）高尔夫为主的开发模式的局限性

以高尔夫为主的开发模式有如图2-2所示的四个局限。

图2-2　高尔夫为主体开发模式的局限性

局限1. 开发商认知度不够

这类局限主要体现在，开发商对高尔夫价值认知不足，将高尔夫球场作为复合项目的配套经营。

导致的结果是整个开发后续对高尔夫球场品牌投入不足，对客户资源利用不足，上亿投资的高尔夫球场并没有发挥应有的项目价值提升与业绩提升的效果。

开发商一定要明白，拥有高尔夫球场不等于拥有高尔夫地产的自然增值，对球场本身的品牌价值、市场效应以及生活方式核心的定位和经营结果直接决定了地产的价值大小与市场业绩。

局限2. 品牌推广欠缺

这类局限主要体现在，开发商缺乏高端高尔夫球场品牌的塑造能力。

把整个项目以地产本身的推广为主体，把球场当成仅仅是地产推广中的一个配套，忽略高尔夫球场的品牌推广。高尔夫球场仅成为高端地产的一个支持点，是开发商经常犯的毛病。

缺乏高端高尔夫球场品牌的塑造，导致地产项目增值溢价空间有限，无法发挥球场聚集高端客户人气的效果，从而影响了地产项目销售的进度。如果仅仅让球场发挥了简单配套功能，品牌推广上的不重视，失去了原本可以更多溢价空间、更快销售速度的可能。

局限3. 无法积累资源

这类局限主要体现在，无法利用高尔夫球场平台的各种活动积累资源。

由于对球场本身经营的不重视，导致高尔夫球场平台各种活动无法积累高端客户资源，无法为复合项目打下坚实的客户基础与高端客户圈层口碑基础。地产与高尔夫球场的割裂经营，导致球场客户无法与地产客户实现共享，浪费了球场本身的高端客户资源平台的价值。

局限4. 资源无法共享

这类局限主要体现在，品牌与客户资源、销售渠道无法共享。球场与地产没有实现真正的融合与复合，而是两层皮的操作，导致了在品牌与客户资源以及销售渠道上无法共享，影响了高尔夫球场本身对地产和复合项目的促进提升作用。

2. 旅游为主体的开发模式

此模式以旅游主题开发为核心，以高尔夫为旅游特色，通过旅游整体特色规划与高尔夫单点优势炒热地块，顺势推出房产项目。这种项目中，高尔夫作为高端休闲产业，主要用于吸引高端人群，提升人气（图2-3）。

代表案例有：深圳的东部华侨城。

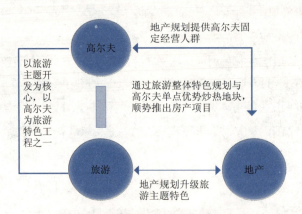

图2-3　旅游为主体的开发模式

（1）该类模式经营成功的关键要素

第一，旅游项目独特性与唯一性，具备吸引人气之势能；

第二，旅游主题规划的特色性与整体布局的市场切合性；

02 高尔夫地产项目定位

第三，旅游主题符合高尔夫与房产目标人群心理需求；

第四，旅游项目定位与高尔夫、房产定位相吻合。

（2）旅游为主体的开发模式局限性

以旅游为主题的高尔夫地产开发模式有如图2-4所示的6个局限。

图2-4 旅游为主体的开发模式的局限性

局限1. 资金投入过大

旅游为主体的高尔夫开发，项目差异性的营造要求资金投入大。资金的投入是开发商永远的压力。独特性旅游项目的开发，需要更大手笔的投入，需要在更大规模上创造项目的差异性。这些都需要资金支持。

局限2. 旅游资源依赖度高

以旅游为主体的开发对旅游资源依赖度非常高，必须具备独一无二和强吸引力的自然旅游资源，或是以资金打造出来的人为强势旅游资源。

局限3. 投入回收周期长

旅游项目是长期经营性项目，需要开发商具备操盘经营能力，而且投入回收周期更长。

局限4. 依赖前期的投入与后期的运营

面对全国各地无数旅游项目，取得竞争优势与市场吸引是项目成功核心，而这些优势与吸引力依赖于前期的大手笔投入与后期的运营。在激烈的市场竞争中,取得这些优势与吸引是难上加难。

局限 5. 人群与项目的高端定位不符

旅游项目要求有更多的人气维系经营,但人群的泛化必然导致与整体项目的高端定位不符,容易降低整体项目尤其是地产项目的价值感,这也是为什么华侨城在后续的项目开发中导入高尔夫球场、慢慢从大众旅游向高端休闲旅游过渡的根源。

局限 6. 难以实现整体复合项目的融合与通盘运作

由于旅游项目的高人气与地产项目的私密性存在冲突,在后续的品牌整合及资源整合方面都存在很多问题,很难实现整体复合项目的融合与通盘运作。

3. 房产为主体的开发模式

此模式以地产开发为核心,高尔夫与旅游作为地产的大配套工程。通过地产项目的发展为高尔夫及旅游项目提供经营客群(图2-5)。

代表案例有:北京丽宫别墅。

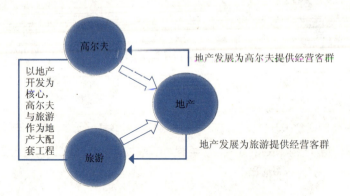

图2-5　房产为主体的模式

(1) 该类模式的成功 3 个关键因素

第一,地产项目本身具备先天的强势竞争力和独有竞争优势,如区位优势、环境优势、硬件优势、软件优势等;

第二,地产项目本身有巨大体量,可以满足后续球场和旅游项目的经营需要;

第三,高尔夫项目品质与旅游项目的定位与地产定位的匹配性,符合地产项目的人群定位与品牌内涵。

（2）房产为主体的开发模式

以房产为主题的高尔夫地产开发模式有如图2-6所示的两个局限。

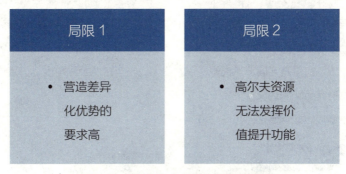

图2-6　房产为主体模式的局限性

局限1. 营造差异化优势的要求高

地产项目独有竞争力之高要求，以地产为支点带动整体项目，要求地产项目本身具备强竞争力与独特竞争力，否则很难以单点地产拉动项目运营。随着优势地块的减少，具备先天优势竞争力的项目将越来越少。

同质化竞争下的狭小空间，在地产项目日益同质化竞争下，单纯依托地产支点的模式难以制造差异性与独特性，除非是得天独厚的先天环境，而这种环境不是所有项目都能具备。

局限2. 高尔夫资源无法发挥价值提升功能

高尔夫及旅游项目无法发挥应有的价值提升功能，削弱了原本可以为整体项目提升溢价和人气的效果。

二、高尔夫地产项目开发的定位方式

高尔夫进入中国时间短，进入的身份也是为城市做招商引资。由于球场没有行业验收标准，没有资质认证的施工团队、监理团队和设计师，经常出现球场在建成后品质与投资金额相差甚远，投下去的"大手笔"在开业不久就会频出"大状况"，是这类项目经常出现的后期问题。

开发商难以掌握高尔夫营销基础，经营定位和服务团队的磨合也决定着球场的会籍销售价格和门市收入高低快慢不一。但是，具有房地产销售思维的开发商经常要求职业经理人当年就要"有投入回报"，甚至为了能迅速地收回成本不设总经理职位或提拔市场销售总监直接出任总经理职位。而不是在经营手段上做与房地产定位相匹配的工作，很多策略与"球场为房地产增值"的营销方向背道而驰，仅站在完成当年营业额的角度上运营球场，从而出现颇多影响投资商品牌的现象。

高尔夫地产应该如何定位？见图2-7。

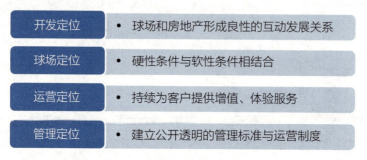

图2-7　高尔夫球场与房地产结合的定位方式

1. 开发定位：球场和房地产形成良性的互动关系

开发高尔夫项目必须清楚：有了球场价值才能有地产的高价格。

尽管球场和房地产开发均是分阶段开发，但如何确定高尔夫球场与房地产在不同开发阶段的先后顺序，把握球场和房地产的开发时机，是关系到两者能否良性互动发展的关键。

只有当球场品质在行业内形成口碑后才会出现圈内带动圈外的效应，慕名的社会效应开始形成认可的购买。高尔夫地产销售不能忽略了球友的口碑，以球友为核心吸引圈外的高层人士，在内外互动中形成销售是基础。这要求管理者对目标客户要有明晰的判断。

高尔夫地产的开发成败不仅取决于高尔夫球场和房地产各自产品做得是否出色，更关键的在于两者能否高度配合，形成良性的互动发展关系，各种资源条件能否互相渗透形成整体开发的共赢。

2. 球场定位：硬件条件与软件条件相结合

一个高尔夫球场的开发包括硬件和软件两部分，两者互相影响。只有将这两者进行有机结合，才是一个完整的球场定位。

（1）硬件定位

硬件是球场的"躯体"，硬件定位包括了由有形的草坪、沙坑、障碍区、球道造型、会所及其服务功能设施、装修标准、道路、园林景观和周边自然环境等形成的球场综合效果；还包括无形的、依附于以上硬件的综合效果，包括球场设计的安全性、可打性、设计风格、趣味性、挑战性、难易度、视觉效果等。

硬件建造需要解决的问题是，什么样的球场才具有独特的风格，符合目标客体的需求和投资商的投资回报需要等。

（2）软件定位

软件定位包括球场的运营模式、管理机制、管理人才引进等，即球场运营的机制，这个机制是与球场的硬件"躯体"两位一体、紧密结合，它是基于各项既定条件（包括硬件和市场现状及其发展）进行分析、判断而确定的。

在软件定位上，更高的要求，还包括会员和来宾对于本俱乐部所独有的文化内涵和品牌价值的认可和肯定。

3. 运营定位：持续为客户提供增值、体验服务

高尔夫球场的经营本质是长期持续的。球场品质决定着地产价格的趋势，决定着地产销售的业绩。高尔夫地产商对球场的经营经常是忽略不计，这样容易出现球场资产严重缩水、管理服务体系退化，久而久之沦为末位的问题。投资者必须明白，客户从球场经营就能看出高尔夫地产投资商的品位和要求，高尔夫球场的定位与经营是影响高尔夫房价的因素之一。

在开发高尔夫地产前，球场的会员和嘉宾是调研的首要目标，也是未来房产的潜在客户。不打球的目标客户也应采用高尔夫循序渐进的邀约模式，在营销中注重持续地为客户提供体验、增值服务，在不断深化的客户关系中完成销售。

4. 管理定位：建立公开透明的管理标准与运营制度

管理销售团队要给投资商透明的球场管理标准和内容、透明的球场和地产销售全过程、透明的客户档案积累和反馈，透明的奖励机制。与此同时，要建立销售管理平台、客户反馈平台，用数字分析进行决策而非"三拍"：拍脑袋决策、拍胸脯保证、拍屁股走人。

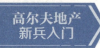

三、高尔夫地产物业的定价要点

高尔夫物业定价要高于周边地段同类物业。因为促成高尔夫球场与房地产联合开发的原因，除了社会经济发展和高尔夫运动推广产生的推动力外，最主要的还是消费者对高尔夫高尚住宅在自然景观和人文环境上的热烈追求，以及与高尔夫关联的相关物业开发带来的巨大经济收益对投资开发者的利益驱动。

1. 参照"级差地租"划分球场周围的地产价值

球场和地产物业之间的地理位置关系为基本依据，参照"级差地租"理论，可以把高尔夫地产分为五级（图2-8）。

图2-8 按"级差地租"划分的房地产级别

一级：球场内球道景观主题地产

一般是高尔夫别墅这类高尔夫主题地产。这种地产量非常有限，属于完全的人居地产。

02 高尔夫地产项目定位

二级：与球场边界紧密相邻的环球场概念地产

一般来说，18洞球场占地至少1000亩以上，不难想象其周长有多长。开发商环周长向外延伸一定深度，以拉伸土地占地进深，领地面积自然庞大。这类高尔夫地产量较大，可开发量不少，是高尔夫地产的主流。大多数是人居地产，主要是别墅和公寓等产品。

三级：球场外围与二级直接相邻的概念地产

由于众多开发商拼命地想将楼盘与高尔夫建立联系，不断扩展高尔夫地产概念领地（不少地方政府部门坚信，高尔夫可以带动周边大面积地产开发和土地的高价值升值）。因此，"三级"比"二级"的领地面积更庞大。然而，由于离球场距离较远，离城区也有一定的距离，"三级"虽然量大，仍不能成为高尔夫地产的主流。这样，对于三级高尔夫地产开发商来说，到底建什么样的产品？如何营销？需要进行很好的策划、很好的运作。

四级：练习场周围的概念地产

"四级"的领地不大，单场范围产品量也不会很大，也不可能成为高尔夫地产的主流。

由于中国的高尔夫被贵族化，使得打球消费过高。而高尔夫的独特魅力，可以吸引众多的人参与这项运动。于是，许多高尔夫练习场也成为部分人们理想的休闲、社交乃至商务活动的绿色场所。

事实上，中国也正在产生一批亚高尔夫球人口，他们经常打练习场（事实上，打练习场的也不乏高端人群，即使球会会员也要经常打练习场练球）。再加上国家并没有限制高尔夫练习场发展，目前练习场在高尔夫球场大面积亏损的情势下却大多数赢利，高尔夫练习场还将得到一定程度的发展。

另外，由于练习场一般建在市区内或城市的近郊，有相对比较成熟的社区环境和现成配套，而且数量多。如此看来，"四级"高尔夫地产将会得到一定的发展，空间也不小，其数量也不可过于小看。

五级：借用外部高尔夫概念进行概念附加与捆绑促销的概念地产

这是主要由营销要素催生（如广东香江集团与海航合作的衍生品）而新近发展起来的概念地产。由于资源有限，策划与营销运作难度不小，也不可能成为高尔夫地产的主流。不过，我们应该重视的是，由于高尔夫资源是全方位的，只要策划与营销推广得当、运作妥当，效果将会良好。

2. 高尔夫球场周边的房价比一般楼盘高

高尔夫地产的开发物业如何定价也是开发商面临的紧要问题。纵观全球的豪宅市场，依山也好，傍水也好，形成蓝色和绿色两大主题，高尔夫球场上或者附近的别墅，不仅坐拥满眼绿色，更创造以球会友的融洽空间，成为许多人梦寐以求的置业居所。

因此，高尔夫球场周边房价比一般楼盘都要高。

按照国外的经验，由于高尔夫地产紧邻高尔夫球场，可享受到高尔夫球场带来的景观优势，可感受到高尔夫运动的魅力。同时，由于高尔夫物业兼具休闲和商务功能，导致高尔夫地产的投资价值比较显著。

中国现在的房地产价格都在上涨，楼盘周围有高尔夫球场的，房价都要比一般楼盘高17%以上，而国外则高达30%以上，可见高尔夫运动与房地产业有互相推动作用。

除了高尔夫景观资源对住宅价格的带动之外，高尔夫综合资源（如社区资源、配套资源、心理资源、客户资源等）对物业增值的提升作用同样不可忽略。因此如何真正处理好高尔夫综合资源利用与房地产增值之间的关系是高尔夫地产研究中的重点。

3. 高尔夫球场的别墅比一般别墅价值高

在中国，有90%的球场以房地产项目作为支撑，一边是球会运营艰难，一边是高尔夫地产物业的超高回报，中国高尔夫掘金顶级别墅领域在一定程度上也是顺应了国际趋势，符合市场经济发展规律的。

在中国，具备高尔夫球场的别墅比不具备高尔夫球场的别墅价值至少高出20%~30%。加上近几年来由于国家住宅土地政策转向从紧原则，高尔夫球场的审批大门长时间关闭，导致高尔夫球场稀缺性更加突出。与此同时，中国高尔夫球运动的推广与普及速度正在加快，高尔夫爱好者正在逐步增多，可以预见未来高尔夫地产的价值将进一步升温。无论是投资者、开发者还是居住者，衡量休闲度假地产的价值，一定是从生态环境、资源优势、人文氛围、产品品质、区域配套、物业服务等几个大方面综合考虑。尤其在海南，更多有实力的"三重富人"，也就是物质充裕、精神富有，还有一定的富余时间的部分人群，会选择到此置业、投资、参与休闲旅游等。

02 高尔夫地产项目定位

> **案例链接**
>
> 高尔夫与房地产的捆绑为高尔夫房地产带来超乎想象的增值空间。根据最权威的国际高尔夫组织（NGF）的统计，在美国，高尔夫球场发展房地产占比从30%上升到了46%，而且高尔夫物业的售价比一般住宅高出3～4倍以上。1996～1997年，中国高尔夫别墅的消费者主要是境外人士；到2000年，国内和国外的消费者比例基本为1∶1；2007年，高尔夫别墅70%的买家是国内成功人士。而且从价格走势上来看，高尔夫别墅较之其他顶级别墅价格上涨更快。有投资者透露，如果将2002年买的高尔夫别墅在今天出手，至少已经能够赚几倍的利润，因为它比普通别墅更具稀缺性，对周边地产升值具有强劲的拉动作用。

操作程序

四、案例解读：南宁嘉和城"大型休闲主题复合社区"开发

嘉和城位于广西南宁南梧大道，是九曲湾新城的核心项目；总占地约6000亩，是广西目前规模最大的房地产项目。嘉和城由广西嘉和集团投资开发，整个项目计划8年完成（图2-9）。

项目用地范围内集湖泊、天然温泉、高尔夫于一身，具有3000亩集中水域、25km水岸线、30余座山丘、国际标准18洞高尔夫球场，未来将建设成为一个集房地产开发、康体运动、休闲旅游度假、文化教育、工作生活为一体的大型生态温泉、高尔夫水城。

图2-9 嘉和城项目总平面图

1. 项目概况

● 嘉和城项目概况　　　　　　　　　　　　　　　　　　　表2-1

物业类型	住宅
建筑类别	别墅（一期）
占地面积	400万m^2
建筑面积	300万m^2
容积率	0.75（一期）
规划人口	4万人
均价	60万元/套
项目位置	广西南宁兴宁区南梧大道九曲湾新城内

02 高尔夫地产项目定位

续表

开发商	广西嘉和置业集团有限公司
项目规划设计	上海同济城市规划设计研究院； 英国阿特金斯集团； 美国GN（两栖）国际设计公司
高尔夫景观设计	澳大利亚太平洋海岸设计公司
水系景观设计	同济大学景观设计所、德国PS景观设计公司联合实施
温泉规划设计	广州潮流水上乐园建造有限公司

（1）区位：九曲湾新城——南宁未来CED

九曲湾新城位于"大南宁"中央位置，依据南宁市总体规划，广西农垦局提出了将九曲湾建设成为南宁市卫星城镇样板示范基地的设想，要将九曲湾新城打造成为南宁中央休闲区（CED）——以居住为主导，融休闲度假、旅游观光、工作生活为一体的多功能、现代化、综合产业发展的新兴城镇。

九曲湾新城占地约 12km^2，规划人口 8 万~10 万。该区既具有自然南亚热带风光——良好的地貌与丰富的水系，又具有人文旅游景观色彩，在拥有 120 万城市居民的省会城市周边建设唯一温泉的融休闲度假、旅游观光、工作生活为一体的多功能、现代化、别具一格的城镇，有着广阔的市场前景。

（2）交通：南梧大道通车加快，新城区崛起

在南宁"一主两次多核"的多中心城市规划体系下，南梧大道——双向六车道，直通大西南的国际交通大动脉于 2006 年 10 月主干道通车，成为南宁"全方位东进"的重要标志之一。

道路的改善，使九曲湾新城"离尘不离城"的优势显现出来，加快了九曲湾组团的发展势头。

（3）区域条件分析小结

城市中心区可利用的土地资源减少，地价提升，"向外走"渐成开发商的投资取向；
新区组团用地，成本支出较低，但投资回报期较长，建设时间长，需要"打持久战"；
九曲湾组团地形好，可开发面积大，大盘操作，有利于营造楼盘绿化环境；
南梧大道通车，交通的改善为版块加分；

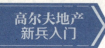

九曲湾定位 CED，地块条件适宜，环境条件良好，十分适合发展休闲地产。

2. 项目定位

嘉和城定位：中国首席温泉高尔夫水城，打造集房地产开发、休闲康体、旅游度假、工作生活为一体的大型高尚生态亲水小镇。

项目规划为以"运动保健＋休闲度假＋健康生态"为主题的复合型大型社区；将要形成：

以低密度高尚住宅为主的绿色生态住宅区；

以高尔夫为主有休闲运动中心；

以温泉为主的旅游度假中心；

以国际双语学校为主的文化教育中心；

以国际主题风情娱乐为主的商业中心。

3. 项目发展目标

嘉和城的发展目标为：一个集城市发展资源、自然生态资源、项目规划资源、高端休闲资源、欧洲文化资源、商业配套资源于一体的多彩生活"梦工厂"。

整合丰富大城资源，统一规划，为业主提供优质的居住环境及高生活舒适度；

以大城集成开发理念整体解决与业主生活相关的各类问题；

以复合休闲地产开发理念，将千亩高尔夫引入大城，将温泉引入大城，为业主提供高尚的上流大城生活格调及居住社交氛围。

4. 开发模式

（1）大型主题社区复合开发模式

随着房地产开发"大盘时代"的出现，房地产开发模式逐步从单一的住宅开发转向复合型的地产开发模式。

1）以居住为核心的休闲地产开发

嘉和城的开发模式综合了"景观房产"和"度假房产"的开发特点，在南宁九曲湾郊区范围内，有较好的景观环境，以"住"为核心，并围绕它进行"吃、穿、行、游"的功能配置，使其能成为第一居所并能吸引更多消费者。

02 高尔夫地产项目定位

2)大型的、生态的、多元化的复合社区开发

嘉和城定位大型的、生态的、多元化的复合社区,提出"城"的概念,建设一个集住宅、别墅、高尔夫会所、温泉、水上乐园、星级酒店、商务会议、康体旅游等为一体的大型的、生态的、多元化的复合型社区。

(2)先做休闲后做房产

在开发步骤上,项目开发整合房地产开发、体育、旅游、教育等复合产业,先做休闲(高尔夫、温泉),后做房产,规划一步到位,实施分步进行(表2-2)。

嘉和城开发历程 表2-2

时间		开发历程
2003年	10月8日	嘉和集团举行九曲湾高尔夫训练基地开工典礼
2004年	5月26日	嘉和集团通过政府公开挂牌方式竞拍到嘉和城用地
	5月29日	嘉和九曲湾高尔夫训练基地正式开业
2005年	2月	嘉和城温泉高尔夫球场破土动工
	6月	嘉和城首期房地产项目开工
2006年	1月	嘉和城温泉谷5号井出水,至此,嘉和城温泉谷配套的五口温泉井全部打井成功并如期出水
	1月22日	嘉和城温泉谷隆重开业

5. 项目设计

嘉和城以"水"为主题,打造"以高尔夫·温泉·水为环境特色的欧陆风情近郊城邦"。依托3000亩集中水域、25km水岸线、30余座山丘、国际标准18洞高尔夫球场以及600亩大型综合性温泉休闲资源,实施大盘开发。

(1)规划设计

1)总体规划

嘉和城占地规模6000亩,其间近6000m长、60万m^2的水路贯穿项目,将嘉和城内缓坡丘陵分割成若干个小岛或半岛。

项目规划将形成几十个组团，环境配套各不相同，其中包括时尚休闲康体基地（含国际标准的高尔夫球场和马术场）、学校、大型温泉生态康居社区和现代购物公园等。

2）规划思路

项目发挥千亩的天然水域、丰富的坡地地貌优势，依据"坡地岛居、水岸人家、活氧生态公园"的思路，展现现代水镇风貌。

3）布局方式

采用图层展开、指状放射等布局方式，所有建筑依山而建、临水而居，形成低容积率、高绿化率的生态岛、休闲岛和居住岛。

规划充分利用天然的坡地、树林、溪水、果林、湖泊与温泉，汇集风情建筑群与园林的高尚生态建筑群；

国际标准十八洞高尔夫球场环湖而建，建筑群环绕球场外围，并通过若干条指状绿化与高尔夫球场相融合，球场、别墅相映生辉、相得益彰。

充分利用场地丰富的水资源，打造独特的生态水系统，形成水域、高尔夫、温泉相映相衬的绝佳景观；每栋别墅或靠山临水，或依偎于高尔夫球场的起伏曲线中。

4）交通规划

车行主路联络片区与地形有机结合，成半环状；

半环状主路与放射路、次线组团、环路、尽端路共同疏散区内自行车交通，加强社区结构整体交通的有序性；

次要道路从主干环路分支，各景区和组团相对独立，避免内外交通干扰；

加强滨水步行线路的组织，形成人车分流的交通组织体系；

社区内的人行道路主要为景观步道，结合各式风格景观节点设置。

（2）景观设计

1）以"水"为主题的景观体系设计

项目景观设计以"水"为主题，上千亩湖泊形成五条南北纵向贯穿水系，25公里的水岸线（水坝）、水岸休闲步道、大型水景音乐广场，构成景观系统的主体。

项目尽可能地保留和利用自然水体资源，将水引入各个居住组团，以滨水岸线为景观设计，以水景为绿化的主要元素来贯穿整个社区。令景、水、建筑和谐统一，构成和谐统一的水岸风情景观。

02 高尔夫地产项目定位

2）水景水坝

水系为嘉和城园林景观的主题,水坝则成为景观美化的重要组成部分,同水岸休闲步道、大型水景音乐广场构成社区一道完整的水岸风景线。

水坝不仅起到人行步道的交通作用,也对调节控制水位、促进水系统循环产生作用。

3）音乐水景广场

嘉和城音乐水景广场面积约 10 万 m^2,整个水景观广场气派恢宏。水广场中心为仿法国凡尔赛宫后花园的世界著名雕塑群——阿波罗战车。水景雕塑由中国当代美术家石向东制作。水景雕塑前设有可拆卸的水景舞台(图2-10)。

图2-10 嘉和城音乐水景广场效果图

（3）户型设计

1）独栋别墅

第一,三面采景设计,充分利用水系、温泉、高尔夫球场景观,将户外景色引入室内;

第二,户外私家园林采用欧式风格设计;

第三,大户型设计,空间开阔、大气(表2-3、图2-11~图2-14)。

嘉和城独栋别墅户型　　　　　　　　　　　　　　　　表2-3

户型名称	户型格局	销售面积	赠送面积
A2	5+1房4厅6卫	约282.16m^2	约74.5m^2

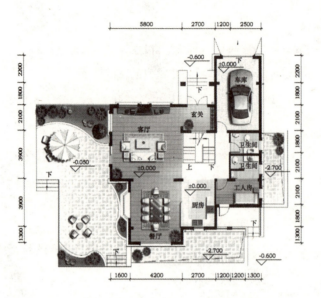

图2-11 A2户型一层平面

图2-12 A2户型二层平面

02　高尔夫地产项目定位

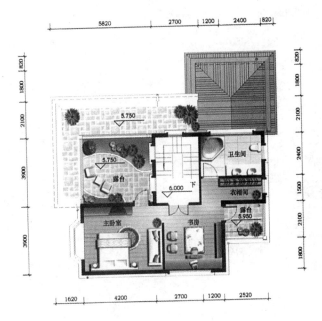

图2-13　A2户型三层平面

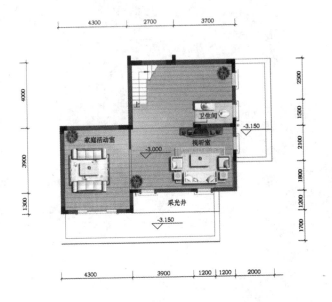

图2-14　A2户型半地下室平面

2）联排别墅

第一，入户花园、后花园、景观平台、隔壁单元花坛间隔等多花园设计；

第二，错层设计，丰富空间层次感；

第三，大转角上落旋梯设计。

嘉和城联排别墅户型见表2-4、图2-15~图2-18。

● 嘉和城联排别墅户型　　　　　　　　　　　　　　　　　　　表2-4

户型名称	户型格局	销售面积	赠送面积	弹性面积
C4	3+1房3厅5卫	约210.04m²	约54.0m²	13.6m²
C5	4+1房3厅5卫	约249.89m²	约44.8m²	16.8m²

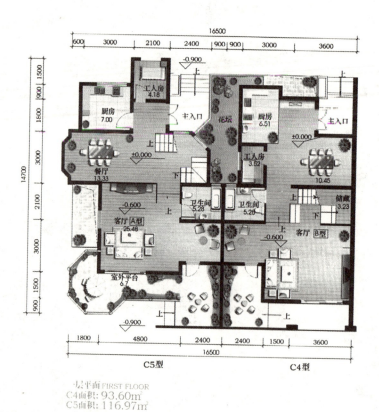

一层平面 FIRST FLOOR
C4面积：93.60m²
C5面积：116.97m²

图2-15　C4、C5户型一层平面

02　高尔夫地产项目定位

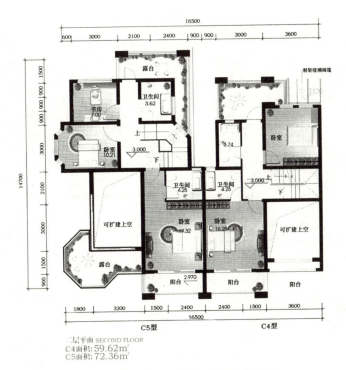

图2-16　C4、C5户型二层平面

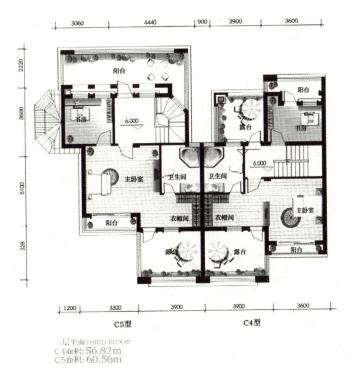

图2-17　C4、C5户型三层平面

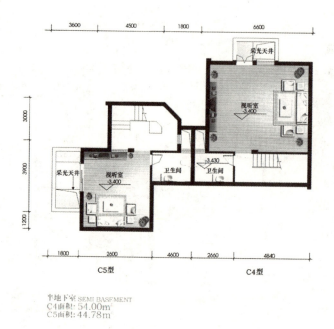

图2-18 C4、C5户型半地下室平面

（4）休闲设施及配套设施设计

1）六国风情温泉

嘉和城温泉谷景区占地600亩，是南宁重点旅游项目之一。

嘉和城温泉谷以温泉为特色，依据第四代温泉全新理念设计，建成"千年华夏、泰王国、东瀛、芬兰、约旦、奥斯曼"等六国风情的泡浴区。

温泉景区内设"SPA 生活水疗馆"、"雅苑休闲泳池"以及"玛雅水上乐园"（包括加勒比海浪池、动感舞台、水上 DISCO、漂流亚马逊、儿童天地戏水池、勇士地带滑梯、夺标竞技等多项娱乐设施）。

2）高尔夫球场

①国际高尔夫运动场

高尔夫运动场由30座天然山坡、10余个小湖泊、54个大机位的双层灯光高尔夫练习场，以及7088码球道、1720亩18洞国际锦标级高尔夫球场组成。

②高尔夫运动空间——别墅景观

开敞的高尔夫运动绿化空间，东西两条纵向布局的高尔夫运动区既是高尔夫运动区域，也是周边别墅的天然景观区。球场由著名澳大利亚太平洋高尔夫设计公司设计，球场环湖而建，球道由点到线渐次铺就，随坡度变化，富于秩序性与层次感。

③高尔夫会所

高尔夫会所以高尔夫运动位主题，打造南宁最高尚、最具规模的商务休闲会所。为社会名流、商界精英提供集社交、商务、国际事务及康体休闲为一体的高水准活动场所。

会所除高尔夫方面的接待功能外，内设雪茄红酒室外长廊、室内游泳池、健身中心、商务中心、多功能会议厅、中西餐厅、迷你影院、宴会厅等场所。

3）其他设施

①医疗及养老体系

医疗体系是嘉和城配套投资的一个建设重点。社区医疗设施结合老年疗养院设置成以康复疗养为主的医院，医疗卫生设施分为社区级、组团级两级保健网，居住区统一规划一所医院，居住组团设立卫生站。

社区配置托老所，提供社区养老服务，建设老年会馆、阳光会所、文化活动中心等设施，形成老年养生系统。

②学校体系

项目内规划一所中学、一至两所小学及多个幼托，统一规划"双语标识系统"，将双语教育引入教育体系(在当地处于领先地位)。实施社区学校综合工程——嘉和城学村龙计划。

③商业体系

在嘉和城南部、南梧大道沿线集中规划大型水岸欧式风情商业街——包括 2000 多米的嘉和城水岸商业长廊和 10 多万平方米的商业休闲中心，构建一个特质内向型商业购物空间。其中卡布蓝里购物街区充分考虑地块特征，结合西班牙的生活格调建造巴塞罗那卡布蓝里大街的规划理念，打造浓郁西班牙风情的纯正休闲街区，在街内设置毕加索、高迪、达利、米罗等艺术和建筑巨匠的作品雕塑，并融入嘉和城温泉谷休闲、养生的文化氛围。

社区内部商业配套以"满足小区日常生活需要"为主，提供社区连锁超市（或小型便利店）、洗衣、彩扩、快递、报刊、快餐、家政以及网上或电话购物等便民服务。

新手知识总结与自我测验

总分：100 分

第一题：高尔夫球场结合房地产开发有哪三种模式？（15分）

第二题：高尔夫地产项目开发的有哪四种定位方式？（20分）

第三题：高尔夫地产项目的物业如何定价？（25分）

思考题：高尔夫球场结合房地产开发的三种模式各有什么利弊？（40分）

得分： 签名：

高尔夫地产新兵入门 03

高尔夫地产项目规划设计

操作程序

一、高尔夫球场与房产设计难点
二、球场与整体项目宏观协调的六个注意点
三、高尔夫地产一体化规划设计
四、高尔夫球场建设的分期工作
五、案例解读：济南崮云湖高尔夫花园

本章使用指南

高尔夫产业普遍存在注重单一产品的设计与开发，而忽视整体产品的规划、产品的系列化，没有系统性、整体性，造成资源的浪费，房地产项目与高尔夫球场不能够得到很好的综合开发利用，不能形成合力和规模效应。

本章解读了高尔夫球场与房产设计的难点，并以此提出高尔夫球场设计与整体项目保持协调的六个注意事项，同时详细介绍了高尔夫地产一体化规划设计的思路与高尔夫球场建设的分期工作。

一、高尔夫球场与房产设计难点

高尔夫在我国有将近三十年的发展时间,然而,由于我国人多地少的特殊国情,加上部分高尔夫球场的不正当开发,高尔夫产业受到来自政策方面的干预,从而使整个产业的发展更加局限。

高尔夫地产没有形成规模有如图3-1所示的四个表现。

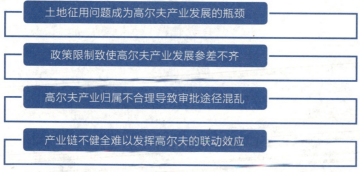

图3-1 高尔夫地产没有形成规模的四个表现

难点1. 土地征用问题成为高尔夫产业发展的瓶颈

人多地少的国情成为高尔夫运动在我国发展的瓶颈。土地规划中存在的问题,不少不合理修建的高尔夫球场因为占用耕地而倍受责骂,前几年国家对高尔夫球场建设亮红灯就是一个信号,可能在今后相当长的时间内,这个问题将一直存在。土地资源的有限性和不可再生性,使得土地征用问题成为制约中国高尔夫产业发展的不可忽略的关键因素之一。

案例链接

建一个十八洞的球场起码需要一千亩的土地,再小球道就会显得捉襟见肘、狭窄短拙、腾挪失度;大一些当然是酣畅舒展、宽阔开敞、游刃有余,这也与所包含的林木面积、山体(超过45度)面积、水塘面积的大小有很大关系。在建设时,应尽量保留原有的地形地貌和植被生态,这是高尔夫回归自然的真谛,也是高尔夫建设者应有的追求。国内很多人士在建球场的同时利用球场营造的良好环境发展周边房地产业,特别是高档别墅住宅。这本是好事。一则提高生活素质,提供多元生活空间;二则开创效益,减轻球场经营压力,然而其占地范围,就难以定论了。

难点 2. 政策限制致使高尔夫产业发展参差不齐

从政策上看，政府认为现阶段高尔夫仍属于少数人的运动。一般高尔夫球场因为自身特点会带来这样的几种问题：

第一，球场建设不当，草皮维护中农药残留过多，就会毒化土壤和污染地下水，造成环境污染和水质污染。

第二，球场耗水量大，对缺水地区和水源保护区产生很大的环境压力。

如何让高尔夫和旅游房地产在中国发展已经逐渐成为一个专业大课题，但至今还没有专门关于高尔夫产业发展的文件，高尔夫是否要发展这样的争论一直没有一致意见。仅有的高尔夫产业发展相关的限制政策见表3-1。

● 近几年高尔夫产业发展的相关限制政策　　　　　　　　　　　　　表3-1

年份	相关政策调整
2001年	中国调整了娱乐业营业税的有关政策，由浮动税改为定税，同意按照20%的标准收取
2004年	国务院办公厅下发了《关于暂时停建高尔夫球场的通知》
2006年	高尔夫球场建设用地在国家发展及改革委员会的用地项目中，由限制改为禁止
2006年	中国开始征收奢侈品消费税，高尔夫球具和用品也列入其中，并且不到一年，奢侈品进口税的税率从10%调升至30%
2007年	中国再一次在《政府工作报告》中明确表明要坚决实行最严格的土地管理制度

难点 3. 高尔夫产业归属不合理导致审批途径混乱

产业归属一直是我国高尔夫发展面临的最大问题。在我们国家行业划分标准里，高尔夫属于娱乐业，是一种主要面向社会开放的休闲健身娱乐场所和综合体育娱乐场所的管理活动。按照这种划分标准，高尔夫属于体育休闲产业的一部分，其产业归属当是体育事业，应该按体育事业的行业标准来规划。

实际上，在2001年，高尔夫球、保龄球和台球等都被列入调整范围内，从此高尔夫就进入了"娱乐圈"。而当保龄球和台球返回"体育行业"，能享受较低税率时，高尔夫至今还在"娱乐圈"打滚。但作为体育主管部门的国家体育总局又无全权来履行它的职责，至此高尔夫置于"当管不管"之境，在一定程度上影响了我国高尔夫产业科学化和规范化进程。

难点 4. 产业链不健全难以发挥高尔夫的联动效应

任何一个产业的健康发展必将以健全的产业链作为支撑，才能形成规模效益，促进产业的正常运行。

高尔夫产业是一个开放的体系，它集高尔夫竞赛表演、高尔夫用品制造、高尔夫教育培训、高尔夫经营管理、高尔夫传媒广告、餐饮住宿等于一体，任何方面的缺失都将影响其整体效益的发挥。

我国高尔夫产业还没有形成一个较为完善的产业体系，因此产业发展过程中难免出现很多问题，诸如高尔夫经营管理过程中遇到的"模式之困"、"品牌之困"、"经营之困"三大困境，高尔夫用品的"中国制造"现象，这都是我国高尔夫产业链不健全的具体体现。故而高尔夫的联动效应也不能得到有效的发挥。

操作程序

二、球场与整体项目宏观协调的六个注意点

高尔夫球场的设计与整体项目的宏观协调如何，主要取决于高尔夫球场定位，即球场在整体项目中的作用如何，是项目的主打产品、还是纯属配套，是独立经营、还是与酒店或房地产联合经营，是单纯的改善环境、还是需要提高销售价值等。

球场的定位受房地产、酒店等规格与规模、档次的影响，一个原则是：不应该在豪华别墅旁边建一个三流的球场，也不必要在三星级酒店旁边建一个一流球场。

高尔夫球场如何保证与整体项目协调发展，要从如图 3-2 所示的六方面进行考虑。

03　高尔夫地产项目规划设计

图3-2　高尔夫球场与整体协调的六个重要方面

1. 地理位置：球场选址影响后期整体运营

球场用地对球场未来运营和球场在项目中发挥的作用至关重要。所以，高尔夫球场占哪部分的地、多大的地、哪些地发展什么样的其他项目一定要考虑周全，比如与房地产的关系，房子是要与球道交错相参呢，还是各安一隅。房子是在山坡上俯瞰球道，还是在湖边隔水相望。这就是所谓球场与项目的整体布局问题。

2. 安全问题：合理设置障碍物阻挡高尔夫球

很多人以为其他项目与球场之间的安全问题就是"人会不会被球打到"的问题，诚然，这也是最重要的问题之一。这方面主要考虑的是球场周边的建筑物或其他有人的活动场所与击球点、线的距离和方向（前、后、左、右都要考虑），是否有障碍物如树林、水塘等，障碍物的宽度、高度和密度，是否需要建造人工防护设施等。

此外，球场与周边自然及人工成状有否互成泄洪和山泥倾泻对象的隐患、边界线开放程度等也是需要重点考虑的安全问题。

3. 交通安排：确保出入球场的安全与方便

交通安排对球场日后的具体运作影响非常大。

一些高尔夫项目就是因为在这方面规划注意不够，设计的进出球场通道漫长而曲折，

甚至球车道与公共车辆道路交叉或重叠,很不方便,也带来很大的安全隐患,这都不可取。当然,这又与项目总体布局有很大的关系。

如何使出入球场的人员和车辆方便、快捷、可达性强、安全性高,打球与其他项目进出流动或观光等活动互不干扰,需要凭借丰富的经验和严谨的思维去做出有利的安排。

4. 管网设置:确保与其他项目充分连通

球场的相关管网必然要与项目其他部分充分连通,才能得以顺畅无碍。在这点上重点要考虑的是排水、排污、排洪、供水、供电、通信和电视网络等,这关系到球场能否正常经营及遇到突发情况时如何应对。比如南方球场就要特别注意排水排洪的问题,与整体项目的其他部分的高差、水流管径等的衔接都要考虑到;还有,各种用途的水、电来源是什么,通过什么渠道到达球场,强度多大(即是否够用),都对球场日后的经营产生深远的影响。

5. 景观规划:和谐统一并注意保护环境

高尔夫球场无疑是整体规划中最大的人工绿化项目,这些绿化景观必须与整体项目协调一致,才能发挥其应有的作用。包括与山体、水域、森林等诸多自然地形地貌的有机结合,做出情景合一、和谐相融的效果。同时,还要注意到环境保护,比如对原有植被的保护,防止水土流失,农药、化肥、固体废弃物、噪声等的污染处理,事先考虑到位,必然事半功倍。

6. 经营规划:制定与总体项目联营的思路

高尔夫球场与整体项目共同经营的问题越早考虑越好,如果能在项目总体规划时就确立日后球会经营的市场定位,应该对球会以后的发展十分有益。最终市场能否做好决定着企业的成败,而此阶段球场与总体项目其他部分的联营思路就是球会日后经营的市场路向,所以在此期间就必须考虑这个问题,把定位设立好。特别有些项目是房地产与会籍共同销售,又或是酒店与球场一体经营等,在总体规划时就更应该及早考虑到其间的关系和衔接,以免日后实施经营方针的时候遭遇因考虑不周而造成的客观障碍。

三、高尔夫地产一体化规划设计

高尔夫球场与房产设计断层的根本解决办法，是使高尔夫地产规划设计一体化。以高尔夫球场作为高尔夫地产的主体率先开发，包括球场的造型设计、植物景观的选择与配置、场地的养护管理等。后续开发高尔夫会所、高尔夫酒店等功能性配套与相关住宅，为整个项目增值。

1. 高尔夫球场的造型设计

球场设计就是让设计师在上千亩的土地上因地制宜，既要重视和满足高尔夫运动的需求，营造一个舒适、愉悦的球场环境，也要重视立意、选址和布局，运用各种设计手法，创造出"寓情于景、触景生情、情景交融"的境界来。球场造型设计综合运用各种艺术和技术手段，使球场造型的时空环境不仅满足功能的需要，还要具有一定艺术氛围。球场造型设计必须由深谙高尔夫运动的团队来完成，而国际上大部分球场造型设计师都是高尔夫职业球员出身。

（1）造型设计三种思维

根据球场造型设计思维的不同，具体又可将球场设计分为概念设计、景观设计和小品设计三大板块（图3-3）。

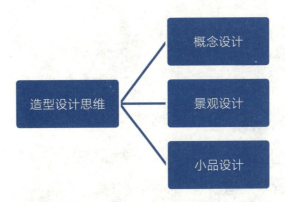

图3-3　高尔夫球场造型设计的三种思维

概念设计是指针对球场的地形和开发商的需要，提出概念型的设计思路，如确定球场难度、类型、风格等。

造型设计确定球道的具体分布和造型，如发球台位置、坡度、球道长、障碍区、果岭等，还可细分为球道造型设计、果岭造型设计、障碍区设计等，还包括景观设计。

小品设计是指在球场施工完成后，对球场标码牌、批示牌、椅子、小卖部等相关细节的设计。小品一方面要加强设计对象的实用性；另一方面又要实现其精神功能，调节空间大环境的气氛，且要服从整体环境。

> **案例链接**
>
> 高尔夫球场的设计具有一定的灵活性，它与其他体育运动场所不同，没有固定的、严格的尺度要求，只要基本满足每洞的杆数和球道的长度要求即可。追求个性是高尔夫球场设计的一大特点，在全世界没有两个完全一样的高尔夫球场，每个高尔夫球场都在自身特色的创造上进行了深入的研究，以期吸引更多的会员。

（2）球场造型设计要点

高尔夫球场一般选择计具有自然地形的区域。所以设计的一个重要原则便是因地制宜，巧妙利用原有地形进行规划设计，充分利用原有的丘陵、山地、湖泊、林地等自然景观，与高尔夫球场的竞赛要求相结合，尽量降低土方量，进行综合规划与设计。球场设计是高尔夫球会品牌与运营的重中之重，也是高尔夫设计体系中最重要的部分。

高尔夫球场造型设计的主要原则如图3-4所示。

发球台	面积小跟踪程度较重
球道	以南北为理想方向
果岭	地表排水线应避开人流方向
障碍区	以打球需要和设计师的思想为主
标志树	让击球手容易判断球的落地方向

图3-4 高尔夫球场造型设计的主要原则

03 高尔夫地产项目规划设计

1）发球台：面积小但受跟踪程度较重

发球台的形状多种多样，以长方形、正方形、椭圆形为常见，另外还多用半圆形、圆形、S形、L形等。一般面积为 30~150m^2，较周围高 0.3~1.0m，以利于排水并增加击球者的可见性，表面为修剪过的短草，要求草坪有一定坚硬度且表面光滑。发球台面积虽小，但受到的跟踪程度很重，要求地表水能迅速排除，从发球角度考虑又应有一定的平整度，一般取1%~2%的微坡度。

2）球道：以南北为理想方向

南北方向是较理想的球道方向，球道一般长为 90~550m，宽 30~55m 不等，平均宽约 41 米。

3）果岭：地表排水线应避开人流方向

果岭是高尔夫球场的关键区域。每个果岭的大小、造型、轮廓和周边的沙坑都各具特色，以创造丰富的挑战性和趣味性。果岭草坪高度要求在 5.0~6.4mm 之间，并做到均匀、光滑。果岭上的地表水应从 2 个或 2 个以上的方向排出。果岭的地形设计应使地表水的排水线避开人流方向。一个果岭的大部分坡度不应超过 3%，以保证击球后球运动的方向。

> **案例链接**
> 练习果岭是供学习高尔夫球的球员练习击球进洞的专用练习场地。练习果岭通常位于高尔夫俱乐部和第一个发球台附近。一般设置 9~18 个球洞及它们的替换位置。果岭表面应有一定的坡度，同样以 3% 为宜。为保证练习果岭草皮的质量，一个高尔夫球场应设置两个或两个以上练习果岭轮换使用为佳。

4）障碍区：以打球需要和设计师的思想为主

障碍区一般由沙坑、水池、树丛组成，其目的是用来惩罚运动员的不准确击球，将球从障碍区击出要比在球道上击球困难得多。

沙坑一般占地面积为 140~380m^2，有的沙坑可高达 2400m^2 左右。现在大多数 18 洞高尔夫球场有 40~80 个沙坑，可根据打球需要和设计师设计思想来确定（表 3-2）。球场沙坑的设置应合乎自然策略，使打球人想到发球台的正确位置。

高尔夫球场沙坑的设置　　　　　　　　　　　　　　　　　　　　　　表3-2

沙坑位置	通常球道沙坑位置的确定由锦标赛发球台的距离而定。沙坑的位置还要根据该地的排水特点,沙坑要有好的地上和地下排水条件。在地势低平和地下排水充分,或在沙坑下有良好的渗水条件的区域内
与草坪距离	沙坑可以建在草地平面以下。从维护管理角度来说,果岭一侧的沙坑应设置在距离果岭草坪3~3.7m的地方,以便修建机械的通行及防止沙坑中沙子被风吹到草坪之上
沙层厚度	果岭基层沙坑内的沙厚至少应为10cm,沙坑的斜坡或凸起的沙层厚度至少应为5厘米;球道沙坑的沙厚相对要浅一些
用沙规格	高尔夫球场沙坑的用沙要求是比较严格的,75%以上沙子的粒径应在0.25~0.5mm之间(中粒沙)。沙子选用有棱角的沙子为最好。沙子的颜色以白色、褐色或浅灰色为好。但应避免沙子颜色太白,导致看不清球体

水池不仅是击球的障碍,同时还可起到很好的造景作用。水池可以设计于单个球道内,也可以几个球道共用1个水池。有时也将球台或果岭设在四面环水的岛上,增加击球的难度和乐趣,丰富球道景观。水池边造宜造景,可架小桥,设汀步,在面积较大且水源充足时,可以规划喷泉或瀑布。

5)标志树:让击球手容易判断球的落地距离

高尔夫球场中的标志树是为使高尔夫球手在击球时能够计算出球落点的位置而栽植的,常在距发球台50、100、150、200码(1码=0.9144m)的位置上栽植,可在50、150码处栽植单棵大树或小树,在100、200码处栽植两棵大树或小树,使击球手容易判断球落地的距离。

2. 高尔夫球场植物景观配置的原则

植物景观在高尔夫球场中有两种作用,一个是造景,另一个是划分球场区域。

不同的植物在各个季节有不同的成长期,植物成长的特性也各不相同。因此,高尔夫球场中的植物景观比较讲究搭配,一般应遵守如图3-5所示四个原则。

03 高尔夫地产项目规划设计

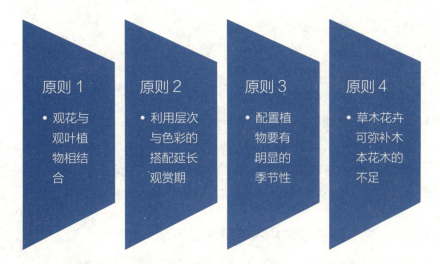

图3-5 选择与配置高尔夫球场植物景观的四个原则

原则1. 观花和观叶植物相结合

观赏花木中有一类叶色漂亮、多变的植物,如叶色紫红的红叶李、红枫、秋季变红叶的槭树类、变黄叶的银杏等均很漂亮,和观花植物组合可延长观赏期,同时这些观叶树也可作为主景放在显要位置的会馆区。高尔夫会馆是综合性的娱乐、餐饮和管理的中枢,是联系高尔夫球场与外界的桥梁和纽带,在球场总体布局上统一、协调其他部分,承担着球场的娱乐和社会活动。

会馆是高尔夫球场的中枢,是球场园林景观中最能体现球场风格和水平的部分。会馆区种常绿树种也有不同程度的观赏效果,如淡绿色的柳树、浅绿色的梧桐、深绿色的香樟、暗绿色的油松、云杉等,选择色度对比大的种类进行搭配效果更好。

原则2. 利用层次与色彩的搭配延长观赏期

分层配置、色彩搭配是拼花艺术的重要方式。不同的叶色、花色,不同高度的植物搭配,使色彩和层次更加丰富。如1m高的黄杨球、3m高的红叶李、5m高的桧柏和10m高的枫树进行配置,由低到高,四层排列,构成绿、红、黄等多层树丛。不同花期的种类分层配置,可使观赏期延长。

原则3. 配置植物要有明显的季节性

避免单调、造作和雷同,形成春季繁花似锦,夏季绿树成荫,秋季叶色多变,冬季银装素裹,景观各异,近似自然风光,使人在挥杆之余感到大自然的变化,有一种身临其境的感觉。按季节变化可选择的树种有早春开花的迎春、桃花、榆叶梅、连翘、丁香等；晚春开花的蔷薇、玫瑰、棣棠等；初夏开花的木槿、紫薇和各种草花等；秋天观叶的枫香、红枫、三角枫、银杏和观果的海棠、山里红等；冬季翠绿的油松、桧柏、龙柏等。

总的配置效果应是三季有花、四季有绿，即所谓"春意早临花争艳，夏季浓苍翠不萧条"的设计原则。在林木配置中，常绿的比例占 1/3~1/4 较合适，枝叶茂密的比枝叶少的效果好，阔叶树比针叶树效果好，乔灌木搭配的比只种乔木或灌木的效果好，多样种植物比纯林效果好。另外，也可选用一些药用植物、果树等有经济价值的植物来配置，使客人在林木葱葱、花草繁茂的绿地或漫步在林荫道上，但觉满目青翠心旷神怡，流连忘返。

原则 4. 草本花卉可弥补木本花木的不足

木绣球前可植物美人蕉，樱花树下配万寿菊和偃柏，可达到三季有花、四季常青的效果（表3-3）。球场园林植物配置应在色泽、花型、树冠形状和高度、植物寿命和生长态势等方面相互协调。同时，还应考虑到每个组合内部植物构成的比例，及这种结构本身与打击路线的关系。设计每个组合还应考虑周围裸露的地面、草坪、水池、地表等几个组合之间的关系。

● 高尔夫球场植物组合的特性介绍　　　　　　　　　　　表3-3

组合	花期	可观赏性	适用范围
小檗和芍药	近两个月	夏季可欣赏芍药美丽的叶色，秋季欣赏小檗的红叶红果	球场开阔的绿地花坛
芍药和绣线菊	一个半月	秋季，它们的叶子均染上红色，令人喜爱	作复杂植物配置结构中的低层植物群落
槭树、子和小檗	近一个月	秋季槭树翅果红色、叶黄色、子果实变成深紫色，落叶前仍垂挂着直到霜降前还装饰着灌木	林缘地带，作为独立结构或高于乔木的补充组合
丁香和绣线菊	近一个月	白花可作为一个成功的背景，突出丁香花色的观赏性	开阔地上
丁香品种组合	一个半月	多个品种的丁香组合	林缘或建筑物墙旁
绣线菊、报春花和雏菊	三个月		林缘的饰边群体
月季品种组合	近半年以上		草坪、旷地、道路交叉处

03 高尔夫地产项目规划设计

续表

组合	花期	可观赏性	适用范围
茶条槭、荚、忍冬、黄栌和卫矛	一个多月	荚的红果一直可保持到深秋，黄栌形成美丽的紫玫瑰色圆锥花序，卫矛在秋季悬挂着果实，茶条槭在深秋红叶艳丽	在景区中列种或与高干乔木保持不太大的种植距离
云杉和桧柏		云杉环绕桧柏种植	球道和平坦场地
云杉和月季		云杉深灰色的叶子和月季的红花组成十分鲜艳的对比色调	

3. 高尔夫球场场地的定期养护管理

高尔夫球场园林绿化作为一种新的园林绿化形式，在球场中发挥着越来越重要的作用。但是，与普通的园林绿化不同，高尔夫球场的园林绿化除注重美学景观外，还必须符合高尔夫运动的要求，不妨碍运动的正常开展，这就对球场园林绿化植物的种植和日常维护提出了更高要求。高尔夫球场的绿化种植、维护管理与一般绿化的种植、维护有如图3-6所示的区别。

图3-6 高尔夫球场场地养护管理要点

（1）树木种植间距宜疏不宜密

草坪是高尔夫球场的主角。高尔夫正常的击球活动都是在草坪上完成的。树木在球场中主要分布在球道以外的区域，如高草区和非击球区。球场树木的作用之一是增强打球的安全性，使球场景观层次分明而又富于变化。如果高草区的树木种植间距过密，形成的浓密树荫不仅会影响草坪草的正常生长，加大草坪养护管理难度和成本，在一定程度上降低草坪质量，而且也不利于草坪及树木养护管理设施的通行和操作。个别在球道内种植的树木多以高大乔木为主，一般孤植，主要起到提升景观、标示距离或增加击球难度的作用。一般不能密

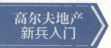

集地种植小灌木，否则球落入其中难以发现，也不符合高尔夫运动规则。

（2）种植应选择客土并做好排水

高尔夫球场种植土壤与其他地方有所不同。球场在建造过程中，因建设需要，很多区域的表层熟土被破坏殆尽，另外为了保持球道的微地形，一般都会对球道进行充分的滚压，造成土壤严重板结。此外，球道表层一般会铺设15~20cm的沙层并添加有机肥及少量沃土，以利于排水和草坪草的良好生长。

在进行苗木种植时必须按种植规范要求尽量挖大、挖深种植穴，并将种植穴内贫瘠、紧实的原土全部更换成种植土，进行客土种植并做好排水，以利于苗木的成活和正常生长。

（3）肥料供应要量大勤施

相对生长在其他地方的园林苗木，球场土壤过于贫瘠且板结严重，因此在苗木养护过程中要保证肥料的充足供应，根据苗木的生长状况，及时施肥，使苗木快速生长成型。某些球场，由于施肥不及时，3年时间所种植的苗木基本没有生长，反而长势越来越差，直到死亡。

（4）浇水应注意观察、区别对待

对苗木的浇灌是球场园林绿化养护中需特别引起注意的。

球场一般都安设有喷灌系统，以满足对草坪频繁浇水的需要。在草坪进行浇灌中，一般会使邻近的树木也得到水分的补充。球场苗木浇灌需注意观察苗木的缺水情况，区别对待，不能与其他地方的园林养护一样，只要干旱就对所有苗木浇水，这样会使有的树木因浇水过多过于频繁而无法成活。球场有的地方因土壤含沙量大，水分流失快而容易干旱，对于生长在这些地方的树木要及时补充水分，否则会受旱而死。此外，对于下层土壤板结的区域，还要注意观察是否造成苗木周围积水。

所以，球场苗木的浇水要注意观察，具体情况具体对待。

（5）病虫害防治要与草坪同步

为了保证球场草坪的正常生长，预防或减轻病虫害的危害，需要经常施用杀菌剂、杀虫剂等农药。相应的，也应对苗木病虫害及时防治，特别是虫害，如果苗木不及时防治害虫，会使某些害虫因无法取食草坪草转而取食苗木，对苗木造成严重危害甚至不可挽回的损失。

（6）加大苗木修剪力度以保持球场的景观

球场的苗木需要经常修剪，原因有三：

03 高尔夫地产项目规划设计

一是通过修剪可使苗木保持美观的造型，使其与球场的其他部分融为一个整体，形成美丽的景观，给球手带来精神上的享受；

二是防止苗木对其下的草坪造成过度遮阴而影响草坪草生长；

三是防止个别在球道区域生长过快的苗木阻挡球线而影响击球。

对于因某种原因生长不良甚至死亡的树木，应及时清理并移栽新的苗木，以免破坏球场的整体景观效果。

4. 高尔夫会所功能与分区的合适设置

高尔夫会所是球场的服务中心，交通枢纽，但会所在交通位置上并没有严格要求，离外部道路近还是远离道路都可以。高尔夫会所通常会设置在景观效果较好的位置，以增加舒适感。高尔夫会所兼具接待、餐饮、洗浴等功能，主要服务于打球者。标准会馆建筑通常相当于四星级或五星级的宾馆（图3-7）。尽管同样具有服务性质，一般情况不会把会所与社区中心结合在一起，主要是为了区分不同消费人群。

> **案例链接**
>
> 高尔夫会所总建筑面积：一般为5500（18洞）至8000m^2（36洞），扩展功能的豪华高尔夫会所总建筑面积可达到15000m^2，国外的高尔夫会所则多较为紧凑，总建筑面积可以小到2000～4000m^2。
>
> 高尔夫会所层数：两层最多，一层、三层较多，四层也时有采用。
>
> 高尔夫会所场地面积：通常在12000～25000m^2。

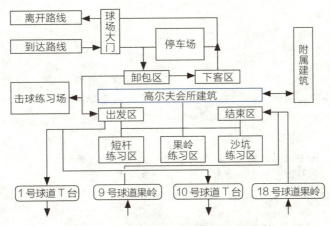

图3-7 会所在高尔夫球场中的功能

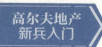

（1）会所设计与高尔夫地产定位要一致

高尔夫会所设计实际上是建筑设计和室内设计的范畴，包括了室内空间形象设计、装修设计、物理环境设计和陈设艺术设计。高尔夫会所的装饰设计重点在于大堂设计、餐厅设计和冲凉房设计等。其中，大堂装饰的风格、装饰品类型、陈列是体现会所装饰艺术的重中之重。

1）建筑设计的风格与球场相谐调

与酒店、俱乐部会所设计有所不同，因为会所建筑设计需要考虑它的风格与球场是否谐调。会所设计的表现力主要是通过空间、体形的巧妙组合，整体与局部之间的良好比例关系，色彩与质感的妥善处理来获得。

2）装饰设计与球会品牌形象相统一

会所内部的装饰设计对球会品牌形象的影响至关重要。室内设计是从建筑内部把握空间，根据空间的使用性质和所处环境，运用物质技术和艺术手段，创造出功能合理、美观大方，符合人的生理、心理要求，让使用者心情愉快，为其提供便于生活、工作、学习的内部空间环境。

（2）功能设置与消费需求相匹配

城市居民会有阶层消费的区别，不同阶层的消费需求不一样。人们在选择运动休闲时，需要根据个人偏好以及支付能力对娱乐的项目、相关设施和价格等因素进行综合平衡，以追求效用的最大化。由于休闲环境具有不可分割的特征，使特定的高尔夫总是吸引相对特定的人群，即阶层聚集。因此，以不同区位、不同价位的高尔夫相比较，"使用者需求"总是存在这样或那样的差异。会所功能设置要首先考察该高尔夫所对应的消费阶层及其消费需求，根据高尔夫实际合理定位。

> **案例链接**
>
> 某中档高尔夫会所其大规模的网球场根据高尔夫的实际情况设计为室外球场，或者位于会所的屋顶天台部分。结果既节约了用地面积，又因减少了网球场的建设投资与维护的费用而对使用者免费开放，并且会所与网球场的采光通风都很理想，所以使用效果非常好。
>
> 反观另一中档高尔夫会所，投巨资打造豪华的室内网球场，在调查中发现其存在大量空置的状况，让人对这样的网球场是否具有合理的功能定位、是否适应高尔夫使用者的消费意向产生怀疑。

（3）功能分区与球场规模相匹配

高尔夫会所的功能大致分为公共部分、餐饮部分、康乐部分、后勤管理部分和其他部分五类（图3-8）。有的度假别墅区由于需要还设有客房部分。除了餐饮、宴会、康乐三大支柱外，会所还强调了社会交际、文化交流的功能，承担社会活动的公共空间不可缺少，大型的四季中庭也屡见不鲜，空间趋于开放。要为不定期举办各种比赛和联谊活动提供场所，促进会员交流，建立良好的休闲运动文化。

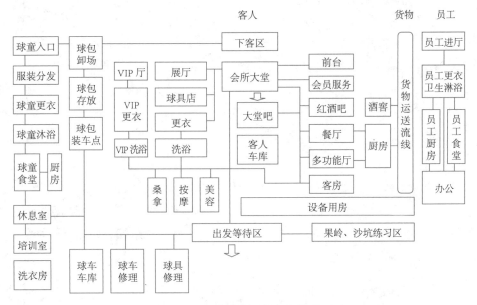

图3-8　高尔夫会所的功能构成

（4）功能流线设计与经营管理相匹配

高尔夫会所的流线大致可分为客人流线、服务流线、物品流线、情报信息流线四大系统。流线是科学组织分析功能的结果，也是服务管理水平的反映。流线设计的合理与否直接影响到经营管理。

流线除了需要表明各部门的相互关系，使来访客人和工作人员能够一目了然，还需体现主次关系和效率。客人用的主要活动空间位置及到达的路线是流线中的主干线，要直接明确，不能与服务流线和物品流线相交叉；服务流线和物品流线则需要紧凑便捷；情报信息流线要快速而准确（图3-9）。

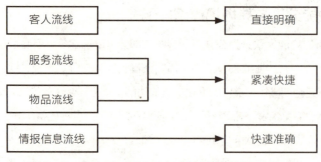

图3-9 高尔夫会所四大功能流线的设计特点

对于全封闭的会所，客人出入口一般设一个便于管理；对于对外开放经营的会所，会所内一般包含大餐厅，因此需要设置独立的宴会出入口和门厅，将内部会员、外来客人、宴会客人分流，各个流线不应交叉。

5. 高尔夫酒店的建设步骤

相对来说，高尔夫产业的消费群体更多是社会精英阶层，这一属性决定了高尔夫地产的档次比其他一般地产的档次要高。高尔夫酒店作为高尔夫地产中的高端配套，是提升整个项目价值的重要设施。因此，选择哪种档次的酒店对于项目来说至关重要。

高尔夫酒店建设的五大步骤如图3-10所示。

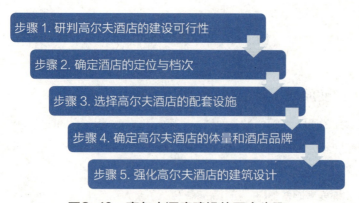

图3-10 高尔夫酒店建设的五大步骤

步骤1. 研判高尔夫酒店的建设可行性

一个项目中是否开发高尔夫酒店受到诸多因素的影响和制约。这些因素包括：地块所在位置、项目大小以及高尔夫球场数量、开发商的知名度以及现金流状况、项目中其他娱乐

03　高尔夫地产项目规划设计

设施的设定等，都将决定高尔夫酒店的开发与否。

相对而言，位于远郊或度假区、大盘、高尔夫球场数量在 2 个及以上、具有较高知名度、开发商现金流偏松、其他娱乐设施相对较多的项目具有开发高尔夫酒店的基础和优势。

修建高尔夫酒店的核心价值在于提高高尔夫项目的长期利润收益，确定项目可以做。高尔夫酒店开发后，还要有严谨的财务测算。进行合理财务分析和测算对高尔夫酒店而言至关重要，至少在财务测算上，要保证投资目标至少在未来一段时间保证酒店部分收支平衡。

决定兴建一个高尔夫酒店，还要从高尔夫整体项目中进行财务核算，通过现金流和敏感性分析，规避项目财务风险。

步骤 2. 确定酒店的定位与档次

一般而言，高尔夫项目以度假村的形式居多，这就从客观层面决定了高尔夫酒店的定位一般以主题度假酒店为主。另一方面，虽然在国外，高尔夫运动已经日益成为大众运动，出现了少数中档高尔夫酒店，现今中国，高尔夫项目依然从属于高端度假消费的范畴，这决定了高尔夫酒店的档次必须以四、五星级为主，否则将影响高尔夫球场的定位和档次。

步骤 3. 选择高尔夫酒店的配套设施

高尔夫酒店之所以成其为高尔夫酒店，就在于高尔夫酒店是高尔夫球场配套，酒店与高尔夫运动千丝万缕的联系。酒店在档次、规模和建筑风格上必须与高尔夫球场、会所和高尔夫别墅相匹配。同时，高尔夫酒店的相关配套设施也必须结合高尔夫产业的发展特点，并综合考量高尔夫会所设施，有的放矢，避免配套设施出现功能的重复和交叉，影响使用率。

值得注意的是，相对其他高星级酒店配套，高尔夫酒店对各类会议和宴会厅、康乐中心等设施的需求更为迫切。

案例链接

观澜湖骏豪酒店与赛维纳斯新翼酒店内部配套设施　　　　　　　　　表3-4

会议设施	豪骏殿可容纳300人、海棠轩可容纳80人、牡丹轩可容纳80人、玉竹轩可容纳80人
餐饮设施	骏豪轩、佐佐木、山景阁、帝轩、御花园
娱乐设施	健身、游泳、SPA、卡拉OK、美容美发、台球、按摩、夜总会、乒乓球、篮球、越野单车
服务设施	商务中心、租车、票务、洗衣房、商场、停车场

步骤 4. 确定高尔夫酒店的体量和酒店品牌

高尔夫酒店体量的测定实质上与两个要素有关。

其一与高尔夫项目的客群市场的认识和把握相关。

首先了解并细分高尔夫球场的客户群体,部分剔除了高尔夫别墅的业主数量,最后基本可确定高尔夫酒店的体量和内容。

其二与高尔夫球场的规模密切相关。

一般而言,球洞的数量与客房数量呈正态分布的关系。会员制的酒店客房数量一般而言参考会员数量而定。针对高尔夫酒店的品牌选择,如引进国外酒店管理品牌,洲际集团、温德姆酒店集团、雅高酒店集团等酒店集团中有部分针对高尔夫物业的酒店品牌,可利用这些酒店品牌庞大的客户网络和极强的品牌认同度,迅速提升酒店和球场在业内的知名度。

> **案例链接**
>
> 有的球场设置配套小型酒店,此类酒店可与高尔夫会所结合,或紧邻会所。这样的好处是功能互补,另外离练习场较近,方便住店客人消费。然而大型酒店则要离球场会所有一段距离,以避免人流交叉影响。

步骤 5. 强化高尔夫酒店的建筑设计

一般而言,高尔夫酒店的建筑设计应遵循以下原则:

原则 1. 体现高端豪华特征

高尔夫酒店的主要客群为公司高管、境外高尔夫旅游客群,这部分客源追求高档豪华,注重舒适享受服务,对价格相对而言敏感程度较低,所以在高尔夫酒店的设计上一定要遵循这一原则。

原则 2. 体现区域地方特色

"越是民族的,越是世界的",文化产业蓬勃发展,文化的内涵不断延伸,地方人文和民族风情不断挖掘,必然会给酒店的潜在客群带来视觉冲击和吸引力。迪拜、巴厘岛等地的很多球场酒店无论是建筑立面还是内部设计都在体现当地的文化和民族特色等元素上不遗余力,取得了很大成功,值得借鉴。

原则 3. 体现高尔夫产业特色

大到建筑形象、创意、空间布局、功能分区、客流动线方面的合理规划,小到灯光设计、家具制作、艺术品布置乃至牙膏、牙刷、毛巾、皂液、钥匙牌等细致入微的细节,各方面的精心设计都可以打上高尔夫运动的烙印,彰显酒店的独特魅力。

6. 高尔夫球场与住宅空间合理布局

一般来说,住宅既要与高尔夫球场保持较密切的关系,以便能充分享受高尔夫的综合性资源,又要与高尔夫球场保持一定距离,进行一定的分区管理。

(1) 规划高尔夫房产常见的两种布局

从高尔夫产业最发达的国家美国的经验来看,高尔夫房产(低密度)主要有集中式布局及分散式布局两种形式,二者各有利弊,投资者或规划师需根据用地的特点以及销售定位来选择。

1) 集中式布局

主要是指房产呈块状(近似方形、椭圆形等)集中位于球场的某一处。此种布局适用于土地成本不是很高,房产量较大,销售目标群定位为中高端。所谓的房产量较大,是指房产占地面积接近 1000 亩甚至更多的情况(图 3-11)。

优点:集中布局,有利于配套的设置,同时有利于日后的管理;对球场影响、干扰小,容易得到打球者的好感。

缺点:只有少数外围房产可看到球场,其余房产不具备景观优势。

图 3-11 集中式布局

2）分散式布局

是指房产成条状带状，分布于球道之间，与球道相邻、穿插。此种布局适用于地价较高，如交通位置极佳的项目。房产量适中，通常18洞球场配置300亩建设用地。可定位为豪宅，销售对象为高端客户群（图3-12）。

优点：房产的景观价值最大化，户户见球场，销售价格高。

缺点：对应着集中式布局的优点，分散式布局的配套较难处理，或成本较高。多处的带状布局致使物业管理较为麻烦；受用地限制经常会出现于房产交通与球场的交通交叉，并且球道中房产几乎处处可见，对打球者会有一定心理影响。

图3-12　分散式布局

（2）按球场空间布局关系划分的四种住宅类型

从高尔夫球场与住宅的空间布局关系来看一般可分为如图3-13所示的四种类型。

图3-13　按高尔夫球场与住宅空间布局关系的四种类型

03　高尔夫地产项目规划设计

类型 1. 高尔夫球场住宅

此类住宅一般都建在高尔夫球场内，住宅和球场由同一开发商统一兴建，球道与建筑紧密结合并合理规划。

类型 2. 高尔夫景观住宅

住宅建在高尔夫球场周边，球场与住宅是相互独立的区域，住户能分享球场的景观环境和资源。

类型 3. 高尔夫设施住宅

作为社区的体育运动配套设施和公共绿地，高尔夫球场或练习场建在社区内，但和住宅有一定距离。

类型 4. 高尔夫概念住宅

引入高尔夫概念和高尔夫意向园林的社区。

四、高尔夫球场建设的分期工作

高尔夫球场的经营定位会影响到后期房地产项目的销售，因此，必须遵循高尔夫球场的开发建设特性。从前期的准备工作、中期的施工建设、后期的投入运营，高尔夫球场都有其关键环节。

1. 前期工作：分析建造高尔夫球场的必要条件

高尔夫球场的建设跟其他类型的地产项目一样，需要通过选址、调研等环节之后，才能投入运营建设。然而，在具体的操作过程中，又有一些区别于其他地产项目的关键因素。

（1）球场精确选址：结合当地经济水平与自然环境

高尔夫球场选址时应考虑到当地经济水平、交通情况和自然环境等方面的因素。既要保障客流量，又要能降低球场的土地成本、球场建设成本和后期的维护成本。经济水平决定着客流量，直接决定球会长期经营的利润。土壤、地形、地貌、园林、景观及水资源的优劣决定经营成本。所以投资者应该慎重选址，要对选择地点的各方面情况进行详尽分析，权衡出各项因素的优势和劣势。

1）交通情况

高尔夫球场选址最重要的首先是交通情况，球场是否接近交通主干道，是否拥有便利的交通网，是否接近机场。交通便利不但利于球场的施工、方便球员往来，也会带来更多发展的机会，一般而言，离机场或城市中心区一小时车程之内的位置拥有较大的优势。其次是球场附近是否有适应需求的服务机构，例如酒店、休闲旅游胜地、商业中心或是居民区，这决定了球场的最终定位，也决定了球场建设中需要增加哪些配套设施。

> **案例链接**
>
> 以上海佘山国际高尔夫俱乐部为例，该球场位于松江区佘山国家旅游度假区核心区域，占地面积2200亩。附近规划有直升机停机坪、游艇码头、高尔夫学校、中小学、幼儿园、度假酒店、邮局、银行、酒店式管理的医院等。

2）土地特性

再次就是要考虑球场的土地面积、类型、地形、土壤的适宜性、排水、植被及水力供应等方面的特性，这直接关系到后期的养护成本，比如，土壤性质是否适合草的生长，土壤的养分是否能满足草需求；地形决定后期施工土方量，施工困难等，当地的降雨量、阳光等方面都需要考虑。

> **案例链接**
>
> 北京永定河干涸后，河床上建起了不少高尔夫球场，这不仅对防风固沙、美化环境有利，同时球场的建造和养护成本也相对较低。

（2）调研市场需求：充分了解当地的市场需求

球场最终要投放市场，接受市场的考验，必须充分了解市场，建立的球场才能符合市场的需要市场的需求取决于当地的经济发展水平、实际利用外资情况、高尔夫人口及交通状态等。

高尔夫市场分析的三个步骤如图3-14。

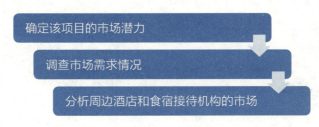

图3-14 高尔夫市场分析的三个步骤

1）确定该项目的市场潜力

市场供应量分析主要有三个点：现有球场供应量及变化、竞争对手分析、未来供应量（时机、地点、发展趋势）。

调研市场潜力，要先从调查市场供应量入手，这既要弄清当地市场的供应发展趋势，又要综览目前球场的供应情况；还要调查周边竞争者，因为高尔夫市场具有目标人群较少、目标区域较小的特点，就更需要对周边竞争对手的情况有清楚的认识，否则同质化严重，很容易引发恶性竞争，影响自己的市场。

调研周边竞争者时要调研的内容包括：周边竞争者的数量、地理位置、关键业绩指数、运营模式、配套设备设施、服务水平、管理理念、目前经营状况等方面。需要从调研数据中得到的价值是吸取经验教训，找到市场细分空间，进行差异化经营，确立自己球场的发展理念。

2）调查市场需求情况

市场分析必须依赖初步和深入调查，初步调查可以针对潜在会员进行民意调查，或者跟当地政府、其他球场业主或经营者、涉及球场的其他行业受益人进行深度探讨（表3-5）。如果你的球场只是服务于更大的集团发展项目，那么你的市场分析应该扩展到球场的主要功能和收入动因。

市场的需求分析的5个方面　　　　　　　　　　　　　　　表3-5

1	估计市场需求总量，用数据、图表来描述国内、侨居、旅游以及团体的需求量
2	分析对果岭收费的标准和对会员数量的需求
3	进行服务定价分析
4	考虑市场需求季节性的不同
5	预测未来和潜在的需求

案例链接

　　市场的深度调查，是针对住宅房产市场进行调查，将重点放在未来旅游房产和第二居所的供需情况，因为高尔夫和地产的结合已经成为目前全世界高尔夫发展的主流趋势，高尔夫球场作为房地产的配套项目，如果对市场分析准确，能够实现两者的共赢。进行高尔夫房地产市场深度调查，其目标可以确定为以下4点：

　　一是确定当地和国际的房产市场潜能，比如地皮的价格、市场的状况等；

　　二是区分不同品质、不同类型的房产的平均销售价（例如郊区住宅、城内住宅、公寓和别墅等），根据数据分析可以制定合适的销售价格；

　　三是确定未来的需求变化趋势，有助于抓住市场变化中出现的时机，进而确定服务方式和房产的销售方式；

　　四是了解消费者的心理趋向、爱好和习惯，有本地市场资源的就着重研究本地市场的走势，旅游概念球会研究的客户范围就应该更广泛一些。集合各种因素，最终得出相对准确的高尔夫房地产市场定位，也可以权衡各方因素，决定球场是否发展房地产项目。

3）分析周边酒店和食宿接待机构的市场

　　接待机构很大程度上反映了一个球场的服务水平，所以要对球场以及周边接待机构的接待服务能力进行详尽分析。这其实可以从以下4个方面着手：首先搜集当地和国际酒店及相关产业的市场供求和运营数据，以他人经验为借鉴；然后确定周边目前已有的、能为你的目标市场服务的餐饮机构，并且收集未来该地区餐饮业发展的可靠数据；再者，从需求的数量和价格定位方面来确定相关产业目前已有的和在建的工程特点；最后，调查酒店入住率的季节变化和价格制定体系，确定酒店对潜在市场的渗透水平。

（3）确定球场概念：结合自身特点提炼概念

球场的概念化就是从球场本身出发，分析自身的优势、劣势、机会和威胁等，找准自己的定位和目标客户，从而帮助管理者进行战略规划，找出球场发展的关键成功要素，建立球场持续的核心竞争能力。在这个基础上，考虑配套设施的支出/收益，附属机构可以将球场和一般的休闲场所区分开来。附属机构包括商店、会议中心、码头、外部游泳池、儿童乐园和某项运动的教学机构等，可以提升球场对顾客的吸引力。

球场概念化，应该考虑到球场服务质量和市场定位、目标市场喜好、运营模式、住宅区规划、接待能力和高尔夫与其他项目功能的结合等方面的问题（表3-6）。把球场主要的辅助项目与球场的经营理念结合起来，是成功建立球场的关键。在球场概念化的过程中，不能独立对待球场发展中的各种因素，数据分析是最基本和最有效的方式。

● 高尔夫球场概念化要考虑的5个方面　　　　　　　　　　　　　　　表3-6

序号	概念化内容	备注
1	高尔夫经营的特点	品质水平、练习设施、俱乐部会馆的空间、所需的最低投资金额等
2	住宅单位的数量、户型和质量标准	例如别墅的数量、大小、规格、舒适度等
3	接待机构的特点	例如客房的数量、酒店星级、酒店接待能力大小和服务质量、会议场所、高档设施等
4	资金支出预算	加上聘请设计师和启用建设公司一起的支出
5	工程的阶段发展的竞争优势和项目潜在风险	

（4）财务风险评估：财务风险评估三项指标降到最低

准确的财务技术经济分析和评价是前期可行性报告至关重要的一部分，其中收入预测的依据以及分类、费用的核算标准和预算控制都需要专业的团队利用大量的样本采量和专业的财务分析模型来制作。

分析的最终结果是凝聚在三个财务比率的分析对比上，即"财务内部收益率（FIRR）"、"财务净现值（FNPV）"、"投资回收期（PT）"。

如果该项目投资回报率高，投资回收期比较短、财务内部收益率又高于行业基准值，那么这个项目当然会带来较好的经济效果。综合近几年的行业发展和经济状况，设定一定的风险指数，这样的数据可参考价值无疑会更佳。资金的可行性评估采用了第一手资料的采样标准，力争做到实用实效，并且运用专业的数据将投资风险降到最低（图3-15）。

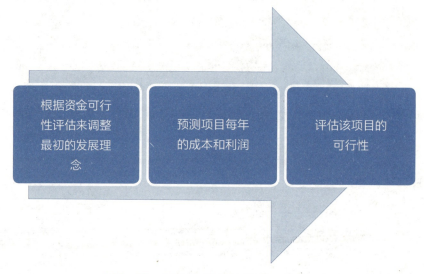

图3-15　高尔夫财务评估的三个步骤

目的1. 根据资金可行性评估调整最初的发展理念

球场资金分析应根据球场的果岭费收入、会籍收入、会所收入、练习场、专卖店收入等收入项目，以及整个项目发展进程确定未来支出水平和潜在收入增加项目。评估所有的运营支出（例如：高尔夫球场运营和维护的成本），利润和亏本预算加上现金流分析，最后可以预算出该投资方案的回报率。

目的2. 预测出项目每年的成本和利润

需要利用预测的通货膨胀率，做出一份球会运营一年的盈利和亏损预算。如果球会有房地产项目，基于未来市场对住宅单位的需求和预先商定的分阶段建设，业主还需要对每个建成住宅单位的盈亏作出预算。在每年的运营中，业主应该要预算年资金流量。这份预算应该建立在以下4个基础之上：各类工程项目的成本；最适合在建工程的管理规划方式；发展所需的合适的合作金融结构，寻找合适可靠的银行；预计运营的最终总花费。

目的3. 评估该项目的可行性

需要对其未来投资回报率进行估算。对不同敏感问题的分析必须要重视，根据得到不同的预算信息，对运营模式、定价体制、未来的发展等方面进行分析。

2. 中期工作：施工建设中的十大注意事项

高尔夫球场的施工一般有十个环节，每个环节的施工注意事项如图3-16所示。

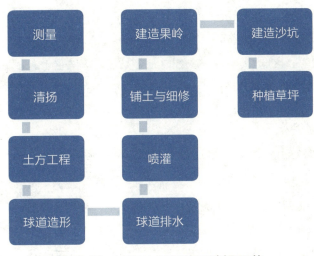

图3-16　高尔夫球场施工建设环节

（1）测量准确位置：保证球场中各个位置的准确定位

在球场中建立平面控制网和高程控制网，以保证球场中各个位置的准确定位，保证造形起伏的高程和各坡度等都能按图纸要求准确施工。球道测量可将发球台、IP点、果岭定出醒目的旗杆、记号，然后让设计师亲临现场进行调整后方能进行土方施工。

（2）清场杂物：将有碍于球场建设的杂物清除干净

根据清场图，在现场用石灰圈出清场边界，然后请设计师到现场将那些有价值的成年树作记号给予保留，然后将有碍于球场建设的杂物清除干净，将那些可作绿化用的乔灌木就近假植以备用。对那些槐、杨、柳、泡桐、芦苇等能发蘖枝的根块一定要清除干净，以免以后在球道上生长而难以清理。

（3）土方工程：因地制宜进行分层碾压

当测量放线完成后，根据土方调配图，划出挖填分界线，根据分界线进行挖填土方。先将表土清出就近堆放在无须动土的地方，以便将来就近返回球道作造形土用。在填方区最好隔20m立一个填方厚度的标杆，这样要填多厚的土，现场工作人员一目了然，有利于土方的就近调运。设计的土方量有时和现场的情况差别较大，这就要求现场指挥有非常清晰的球场立体概念，以免造成多挖多填，或土方不合理利用的工程浪费现象。无论是挖和填它的边缘都要和周边环境很好地衔接，不要形成难看的人工坡角。

分层碾压，这在很多的招标书中都处于很重要的地位，但现场往往应因地制宜，像滩涂地建球场，挖填的土方含水量及密度、沉降系数都不一样，分层碾压，很有必要，但山地建高尔夫填料主要是石块，分层碾压，大石底下反而是空的，并且不好操作，只能顺坡平倒出去，这样大石往往滚到坡底，细的部分在坡上端，这既有利于底层的渗排水，又有利于上层的铺平碾压和粗造形。果岭发球台填土的压实密度应在 85% 以上，球道密度在 80% 左右，管理路主干道的密度应在 90% 以上。

（4）球道造形：对土方工程的修整

土方工程和粗造形工程是密不可分的，如果土方工程做的好，那粗造工程量就小，只需对局部加以修整就可以了。在造形之前，必须在土方验收测量的基础上，会同设计师、造形师，在发球台、果岭上不同的方位反复观察其造形，看看有无因设计或施工造成的盲区或不适合打球战略的假山或造形；看看球道排水顺不顺畅，坡度会不会太长、太平、太死板或太陡，要不要修整；看看山体是不是起伏自然，和周边环境是不是衔接自然，和道路、水域的衔接是不是自然等诸多因素，一一审视清楚，在粗造形中给予调整过来。所以，造型师在造形中的作用是十分重要的，他的再创作成功与否，也关系着球场的好坏。

（5）球道排水：通过造形和集水井排水

球道排水分地表排水和地下排水。

1）地表排水

主要是通过造形，以减少地表的积水，缩短地表径流，减轻地表的冲刷。这要求在造形时应充分考虑排水的因素，坡度不要太长，也不能太平，一般不能小于 2%，万一因造形需要有很长的坡，应在沟底铺设鱼骨形盲排拦截部分地下水，减少地表径流对地面的冲刷。另外，表土少用黏土，改善地表的透水性，也是加强地表排水重要的一环。

2）地下排水

地下排水主要由集水井，排水管进水口、出水口，细排系统组成。

> **案例链接**
>
> **球道排水应注意问题**
>
> 　　选材，高尔夫建设既要保证质量又要注意节约成本，排水管材的选用上，可因地制宜；在爆破岩区沟两边承压力强可使用便宜的陶管，在填方区，考虑将来可能发生沉降，可采用有一定延展性的PVC管，在穿越路面的地区，应用耐压水泥管。
>
> 　　施工，所有排水管都应埋在30cm以下，管道接口必须用混凝土封好，所有管道都应保持5%以上的坡度，保证管内不积水。PVC管用接头、弯头连接，请专业人员施工。渗水管必须用纱网包扎，上盖碎石，外出水口必须选择坚硬的地层，在填方区的出水口，应砌石用混凝土抹平；集水井底应至少80cm宽，上井口60cm宽，以便以后清理；回填的管沟必须用水灌透润实，以免以后下陷。因排水沟和集水井多余的土，现场消化不了的，应清出场外，以免使造形走样。

（6）喷灌：系统控制与水源开发

高尔夫喷灌主要包括泵站、管道系统、控制系统和水源等。

1）泵房位置

由于山地高尔夫高差大，泵房位置太高和太低都不好，太高了，低处的地方压力过大，而建设太低，高处的压力太小，宜建在平均高度的3/5高处，这样压力会均衡些。

2）管道施工

放管时，尽量将管在沟里呈"S"形，使其在受压时有伸缩的余地；在拐弯处，用混凝土做墩护住拐角。不然，这地方在突然开放水时，承受瞬间压力很大，容易冲开接口；摆放管子以后，千万要用沙子或过筛的细土，包裹住管子，不然会让尖锐的石块等顶住管子，在管子充满压力的时候，容易让石块挤爆水管；管道回填后宜用水灌实，使沟土回落。

3）水源

水是高尔夫球场的命脉。最好是有现成的水库、河流取水，这样比较有保障，如果打井应选择大的裂隙构造的富水层。如果平地打井，应多打几口备用井。水的酸碱度在PH值6.6～8.4。

（7）铺土与细修：让球场的造形变化自然

在排水和喷灌的埋管工作结束以后需要恢复造形，根据高尔夫的运动规律，地表排水，将来机械养护草坪等诸因素。对现有造形进行细修调整，使球场的造形变化自然、曲线流畅。然后将球场堆集的土铺回球场，如果球道有充足的混合料，回土以高草区为主，如果混合料不足，则回土要先满足球道的使用，铺土沙料的厚度应是20cm左右最少不能少于10cm。铺上料以后，还是要人工平整。然后用耙沙机反复碾压刮平，使之符合细修的要求。

（8）建造果岭：形状与混合根系层的制作

现在因我国南北气候差异大，果岭建造的形式多样，但大家比较认可的是美国高尔夫协会于1993年制定的果岭建造标准，即由上而下是：30cm根系混合层，5cm的粗沙层，10cm的砾石层，最底层是鱼脊式的排水层，果岭建造最关键的问题一是其形状的问题，两是混合根系层的问题。

1）造形

现在果岭造形的方法很多。也有许多造形师是在果岭位置，先置出一块大平台，然后在上面造形，这种办法费工费料，美国尼克劳斯造形师汤姆在造形时，他在球道造形时结合果岭造形一起做，结合地形的起伏，推出一个40cm深的果岭盘来，这样往盘里安好排水管，填料就是了，能够最大限度地保持原有造形，是值得推广的造形方法。

2）根系混合层

根系层的主要成分是中粗河沙，许多资料对河沙的粗细要求有具体的要求，其实，可操作性差，我们只要知道这点：混合层不能太细，太细必然含土量高，那通透性必然差，历经人员踩踏、机械碾压，将来板结严重，果岭表面会发硬，果岭草质差。混合层不能太粗，粗砂会伤剪草机的刀。经常换洞杯切土困难，用沙应用河沙过2mm筛孔，经流水冲洗泥土即可。另外掺一些有机肥，南方可掺些笼糠灰、泥炭、腐熟的粪肥，北方少掺些过筛的炉灰（含硫丰富）、泥炭、骨粉等，有机肥的比重占10%~13%，如果果岭沙含土量大，可适当掺一些跖石，以增加根层的保水透气性。根系层不能太瘦和太肥，稍见黑色为宜。

3）反复碾压

上完根系层以后，要反复碾压，尤其是环果岭埋了喷灌管的环边，一定要压实，以免变形，然后用耙沙机反复拖压。最后作细部的高低调整。

（9）建造沙坑：发挥沙坑在球场中的作用

沙坑面积随场而定，一般100~380m²，其量的多少也是因地制宜，一般球道窄的小而少，球道宽的大而多，一个18洞球场一般40~80个沙坑。沙坑分为果岭护卫沙坑（通常较陡）和球道沙坑。沙坑在高尔夫球场中的作用见表3-7。

03 高尔夫地产项目规划设计

沙坑在高尔夫球场中的作用   表3-7

作用	表现
景观作用	白沙绿草，色彩对比鲜明
战略作用	惩罚或限制出球，指示打球的方向
保护阻拦作用	防止球出界

我国很多球场的沙坑，修得不理想，他们片面地认为既是坑就应该低，站在发球台上看不明显，景观效果也差。恰恰相反，沙坑位置往往比同一位置高，这样修出来的沙坑立体感强，景观效果好。

（10）种植草坪：以适当的比例混播冷型草

北方有些球场建在海滩上，这些地方盐碱性强，必须选择抗盐碱性的品种，冷型草中翦股颖的抗盐碱性最强，暖型草中狗牙根的抗盐碱性最强，如果这两种都生长不好，不要去迷信其他的品种，传说有海水可以浇灌的草坪品种，那是骗人，千万别上当。一般冷型草都采用混播的办法，其比例是 2 种以上早熟禾 90%，加高羊茅 6%，加多年生黑麦草 4%。多年生黑麦草不宜过多，一是它极易感染腐霉性枯萎病，二是不耐低修剪，将来斑秃多，三是多年生黑麦草会对周边的草产生抑制作用。所以球道上尽量降低高羊茅和黑麦的比例，以早熟禾为主，高草区可以加大高羊茅的比例 15%~20%，黑麦 10% 左右。

3. 后期工作：抓住高尔夫球场运营核心

高尔夫球场经营管理是一项系统而复杂的工程，说它系统，是因为各个环节联系紧密，牵一发而动全身，甚至任何细节的疏忽都可能导致严重的后果，而且各个管理环节非短期可建立，说复杂，是指其涵盖草坪种植、维护、管理，园林景观、球场运营管理、产品设计、销售等多项措施，不可偏废。一般来说，可以从如图 3-17 所示的五个方面进行把控。

图3-17 高尔夫球场经营的把控点

（1）球场总监能把控住球场的施工和更新

球场状况受制于很多因素，有些是可以控制的，而有些却不是。与自然界打交道总是充满挑战，要想在长时间干旱或雨季都提供上佳的球场品质不容易，剪草计划就需要变动，剪草高度和农药施作都要变化。球场养护的工作需要球手的理解，因此有关草坪养护的知识和经验对球手和球场都是有用的，而打孔、铺沙、交播、淋水、防霜只是这些养护工作中一些方面，他们仏维护球场品质当中不可或缺，即使有时进行的这些工作可能会耽误球会运作也是必要的。

以上这些工作必须由真正的球场总监以上人来把控。称球场总监为多面手一点不为过，有时他有科学家的精深，有时又有环保主义的矜持，他既有农学家的广博学识，又有出色的人员管理能力，他应是一个气象学者，是一个业务训导师，同时也是一个节能降耗的成本控制者。

1）球场总监的工作职责范围

第一，专业技能。球场总监相当于草坪从业人员的总教官，其自身的专业素质必须过硬，时刻关注高尔夫业内的动态，尤其要有丰富的球会场地养护知识，准确的病虫害判断以及专业的年度预算和费用的监控，个人还必须具有一定的高尔夫技能，能够随时根据草坪的变化做出准确的判断，以此来避免出现的问题以及对其的快速处理。

第二，表达能力。球场总监要有良好的说服能力和沟通能力，以便在与部门员工的交流、对外部门的联络以及对各级领导的沟通与汇报工作中都能够实时、到位。并且，在球场实地养护中的操作讲解才会让养护员工更加容易理解、接受。

第三，敬业精神。态度决定一切，其实指的就是个人的敬业精神。要经营草坪生长状态，必须倾注心血关注草坪生长。时刻关注部门员工的情绪和心态，用心对待员工，协调处理员工面对的实际问题。

第四，公平管理。草坪养护队伍普遍年轻化、人数众多，而且来自不同的地方。作为管理者必须要为人正直，处理问题要公平、公正、公开、管理方式要透明化。如果存在私心，将很难管理好队伍。因此，在管理中更要关注下级员工的心态，并且要严格的自律。平等对待部门每个工作人员，树立个人的榜样，树立员工学习的榜样。

第五，人性化管理。企业还是以人为本，作为球场职业经理人要人性化管理员工，多换位思考，规划员工的职业生涯，多为员工提供学习锻炼的机会，多传授员工生存的技能。让员工能够有成长的空间和提升的机遇，有归属感，这样才能够得到员工的爱戴和拥护，形成部门良好的氛围。

> **案例链接**
>
> **球场总监可以提供和指导球手的基本礼仪：**
>
> ①球道上应修复球疤，果岭上应修复球痕；
> ②球包在球场上不同位置的摆放；
> ③熟知球会对球车停放的要求；
> ④沙坑内救球后要修复；
> ⑤天气有霜冻时要能忍耐一下，要理解球场维护工作；
> ⑥对其他球手和球场的义务；
> ⑦关于软鞋钉和硬鞋钉的规定；
> ⑧球手不管是在乡村的小九洞打场球还是在正规锦标赛球场打球，都会对球场的状况产生兴趣，而只有球场总监是最有权对这些兴趣进行评价和回答的。

2）球场总监能根据市场新需求设计和改造球场

成熟的老球场经常会进行球场更新或重新施工的工作，这样做是为了提高球场的品质，满足球手的要求，诸如果岭没难度、球道没起伏等。球场随着开场时间的增加和天气的影响，可能沙坑需要重做，或排水不畅，果岭就需要按USGA标准重新做，而草坪科学的发展又有新的草种问世，新草种对践踏和气候又具有了更大的优势，这时球场总监必须随时掌握市场信息，与时俱进，将新成果变成现实。实际上很多球场总监都是这样去设计和改造他们的球场。

3）球场总监不断能更新知识技术结构以跟上产业发展

就像高尔夫球和球杆随着时间的推移要发生演变一样，球场总监面临的球场养护材料和技术也在发生着变化，对一个球手来讲虽然知道枯萎病、三联剪草机、MSDS、一年生早熟禾并不能帮他提高成绩，但有助于增加知识和丰富这项运动的观赏性，球场总监不停地完善自己的技术、丰富自己的头脑、坚持再学习再教育、跟上科技和时尚的节拍，才能跟上高尔夫产业的发展。

（2）对营销队伍要做常规化的强化培训

高尔夫球场销售会籍给客人，销售的是消费使用球场及其配套设施的权利。客人行使自己权利的同时也是球场为会员进行服务的过程。所以，高尔夫会籍的营销管理本质就是服务营销管理。

营销队伍的建设其中一个重要的环节就是设计营销队伍战略和结构、招募选拔、培训、监督和绩效评估这五个部分。在这五个构成因素中，最重要的就是培训。如果要将一个营销队伍培训成高效能的队伍，要从如图3-18所示的几个方面进行强化培训。

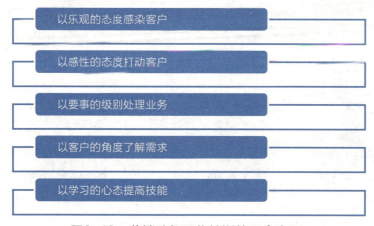

图3-18　营销队伍强化培训的五个方面

1）以乐观的态度感染客户

任何一个客人都不乐意对着一个整天愁眉苦脸的销售员说话。高尔夫球场的经营需要一个时刻保持着愉悦心情、乐观态度的员工。有研究表明，人们在心情舒畅的时候最容易做出消费的决定。好心情是可以感染的。八米之内注视，三米之内微笑。这是一个很好的微笑服务衡量标准。

2）以感性的态度打动客户

有专家说过，诉诸理性只会让客人明白事情，诉诸感情才会令客人掏出钱包。简单地给客人算经济账是不能打动客人的心。销售人员应该先和客人搭建好一条沟通的桥梁。找到一个共鸣点之后，客人才会打开话匣子，然后才会打开钱匣子。要让客人觉得购买会籍是合情合理的。

3）以要事的级别处理业务

人的精力是有限的，不可能同时把所有事情都做好。员工应该按照重要性、紧急性和需时持久性，把事情分成四个等级：重要的紧急的、紧急的不重要的、重要的长久的、不重要不紧急但长久的。员工首先要去做的是重要的紧急的事情，这是第一级的。依次类推。

4）以客户的角度了解需求

不仅要知道目前客人的现在需要，更要花大时间去了解准客户的潜在需要。从客人的角度出发，感受客人的情感和需求，清楚地知道客人的心理活动。做到在细节里显现服务品质。譬如，有些特殊客人不喜欢透露自己的姓名和住址。在对他们进行销售的过程里就需要制定一套特殊计划，区别对待。

5）以学习的心态提高技能

这里的更新不仅是指对客户资料的更新，更重要的是员工的思想和技能要不断保持更新。学习新的营销观念和营销技能。

（3）球场管理重在持续提高高尔夫球场运作能力

经常打高尔夫的人恐怕对球场堵塞、球童短缺等诸多现象不会陌生。作为高尔夫球场，球场管理就是合理利用现有资源，完善运作流程，提高场地设施运作效率。提高高尔夫球场运作效率，可以从如图 3-19 所示的四方面进行加强。

图3-19　提高高尔夫球场运作效率的四个方面

1）科学管理时间

高尔夫球场在其运作活动中受时间约束很大，顾客随机到达，更增加了球场时间安排的难度，特别是在节假日，当顾客需求超过球场的实际接待能力时，就会出现"压场"等现象。为了使球局顺畅进行，必须能对球场做好时间管理（表3-8）。

加强时间管理的六个方面　　　　　　　　　　　　　　　　　　表3-8

时间管理	管理方法
提前预订	在周末及节假日提前预约开球时间和在每次签到开单时确定开球时间
编组下场	在节假日等繁忙时段提倡多人编组下场，限制三人以下小组下场
限制杆差	在周末及节假日特定时段，限制球差在36以上的男球手和杆差在42以上的女球手下场打球。这样可以调节工作日和节假日的客流量
准时开球	开球时间一旦确定，工作人员将保证球手准时开球。当球手因延误了确定的开球时间时，工作人员则只能在后续的空闲时段安排其下场
加强巡场	由三位职业教练（球手）轮流巡场，控制整体流动节奏，提示超时慢打的球手，处理影响正常运行的事宜。提倡球手慢打快走，在4小时15分钟内完成四人组球局
强化顾客时间观念	建议顾客在预订的发球时间之前30分钟抵达会所，并在10min之前到达出发站等候工作人员通知开球。任何时候都服从俱乐部出发台的安排，制止干扰俱乐部的管理和其他会员的打球次序，强行下场开球

2）有高效率的信息沟通软件

高尔夫球场信息沟通涉及业主方、球员、员工和行业协会间的各种沟通。根据球员与行业反馈的信息和要求以及重要活动安排及时对球场养护计划进行调整。有效的信息沟通，可以让管理者做出正确及时的决策，从而让球场更有效顺畅地运行。

信息沟通有赖于技术支持。高尔夫球场必须拥有很好的监控系统软件，使球场或大会赛务工作人员可以随时掌握球场的状况以及比赛的情形，并且视状况规划或调整人力配置，使选手、赛会单位与球迷，都能在第一时间掌握赛况流程，从而大幅提升高尔夫赛会的节奏与球场管理的效率。

3）明确分工各司其职

高尔夫球场是一个多部门、多功能的综合性高尔夫球场，每个部门功能不同但都相互联系、互相制约，所以它们之间的分工协作对球场的正常运行非常重要。高尔夫球场各部门

03 高尔夫地产项目规划设计

为顾客提供一系列不同的服务，其中一项服务不到位，就会影响顾客满意度。比如巡场人员工作不力、球童供应不足、草坪养护不够、机械设备出现故障不能及时修理，都会影响整个球场运作，招来顾客的抱怨。

明确分工，各行其职，还需要很好的协作精神，在最短时间内通过协作来解决一些日常或突发事情，是一个高尔夫球场团队要具备的基本素质。

4）价格制定合理

价格定制属经营管理问题，也是球场运作好坏的重要因素。不合理的价格定制，会将顾客拒之门外，没有客人，球场内所有资源将得不到高效合理的利用，设计得再完美也没用。高尔夫球场的高效运作，不只是接待能力的问题，还涉及球场的资金运转情况、成本经营策略。要使中国高尔夫健康地发展起来，控制价格和成本是一个突破口。只有当供不应求的时候谈提高球场运作效率才更有意义。

（4）提高球童的服务意识和专业技能

球童服务的优劣是影响客户的情绪和成绩的重要方面。服务态度亲切热情、专业能力又强的球童，会提高客户心情舒畅成绩理想的程度；那些没有礼貌动作懒散的球童，会带给客户不舒服感，甚至让客户打球如噩梦般煎熬。

提高球童服务意识和专业技能应从图3-20所示的三个方面着手。

图3-20 提高球童服务意识和专业技能的三个方面

1）服务态度是球童的基本素质

服务行业从业人员的服务态度是一个企业的门面，员工素质的优劣直接影响到企业在消费者心中的形象，高尔夫球场里的球童亦是如此。从客人一进入球场开始无论是在停车场会所练习场又或是出发台等，球童都应该主动鞠躬和客人打招呼，周到地询问客人是否来过球场有什么可以效劳，热情地帮他背包带他去会所，大方得体地为客人服务，让客人体会到宾至如归。能做到这些，球童的一个微笑一句暖人心的话或带给客人愉快的一天。

2）帮助客人是球童的专业技能

能帮助自己客人取得最好的成绩应是每个球童追求的目标。经验丰富的球童应该做到以下几点：

第一，熟悉自己球场每个球道的码数；

第二，在发球台上告诉客人到或过沙坑水障碍需要实打多少码；

第三，球道上服务一定做到永远走在客人的前面球的后面；

第四，在客人还未到达球位前提前观察好球的位置、目测好球到旗杆的距离；

第五，等客人到达球位时报出距离、风向、坡度、旗杆位置及前方不能一目了然的障碍物等；

第六，给予实际应打的码数为助言来帮助客人选择球杆攻上果岭；

第七，球上了果岭后要提到球的推击线了；

第八，球童应该根据顺草逆草坡度距离等状况给予助言，或在得到客人的允许下帮客人摆好球线，告诉客人该线路的走向及应推的力度。

3）安全意识是球童的职业操守

安全意识应该是每一名球童都应该具有的职业操守。客人到球会打球，作为球场的一分子，球童当然有责任确保消费者人身安全，避免客人被球打到、摔伤或被蛇虫叮咬等意外的发生是球童必须要做到的，在可以使用球车和船的球场，还要确保驾驶技术谨慎娴熟。

> **案例链接**
>
> 在球场上，球员可以向球童咨询球场的信息，球童是球员的伙伴、向导、心理医生。经过职业培训、具有专业知识、有礼貌的球童，可以帮助球场有效地解决慢打现象，除了让球员尽情享受一轮挥杆之乐外，还能提高球会的管理水平，使之达到一流的运作水准。

（5）实施球场目标管理责任制

在管理方面，应该推行责任制管理原则，责任制对于企业健康发展的积极意义。

1）球场实施目标管理责任的两个目的

第一，强化球会各级管理层的责任、经营意识，健全了管理体制、加强了管理力度，使球会能以最快的速度向科学、系统、规范、高效的经营制度靠拢；

03 高尔夫地产项目规划设计

第二，以人为本，包干到户式的责任制，解决掉以往部门及个人无计划、无目标的散乱作业方式，通过量化目标、规范手段，使球会行政事务、人力资源开发、财务政策、销售战略、经营运作、品牌打造等整个企业实务工作相互协调、互为促进，使团队的综合实力与整体作战水平得到不断提高。

2）实施球场目标管理责任制的两个建议

第一，多听取来自市场一线的报告。应当摒弃"取其上而得其中、取其中而得其下"的目标管理法则，多听取高层管理者或专业管理公司来自市场一线的报告，科学合理划定经营任务。

第二，向业主反映市场的真实情况。高尔夫球场管理者或管理公司应当采取合适的方式方法，通过合理合情的途径，以责无旁贷的责任心向业主反映市场的真实情况，避免一味迎合上级指令的做法，努力谋求双赢局面的出现。

五、案例解读：济南崮云湖高尔夫花园

济南崮云湖高尔夫花园位于五峰山国家级度假旅游区内。北邻济南大学科技园区，东临京沪高速铁路、京福高速、104国道，5min可到大学城，20min即可到达济南城区，40min便可直达国际机场。本项目三面环山，山峦叠嶂起伏，处群山环抱中、山谷之上，被3000亩原生森林所环绕。并且紧邻崮云湖近500万m^2的原生态水面。拥有省城唯一符合美国USGA标准的18洞山地高尔夫球场，是济南唯一的高档山水高尔夫休闲养生别墅。

1. 项目概况

（1）项目道路及交通状况

本项目地块位于济南市西南部的长清区，距离济南市中心23km，济南国际机场约60km，紧临津浦铁路、京福高速公路、104国道。东侧为山区防火公路，北侧、西侧、南侧均为山体。

崐云湖高尔夫球场东侧，主要有北清路、聂各庄西路、龙泉路和计划年内通车的六环路西北段，这些道路成为项目通往市区的主要道路。

（2）项目地块状况

项目用地沿山体自北向南分为三期用地，一期建设用地面积21.3公顷，位于一个山坳里，地块形态为北窄南宽的近楔形，其西边界沿山体等高线呈近弧形状，地块的北侧部分、西侧和南侧部分与山体相连；南北向有10~15°坡度，东西向有25~30°的坡度。区域内已开发进行土地平整工作，道路开始敷设。但用地内的市场基础设施尚未完成建设工作。根据一期实际的场地条件判断，地块北侧部分光照条件好，东侧地块部分临近高尔夫球场，景观条件比较好，具有相对较高的土地价值（图3-21）。

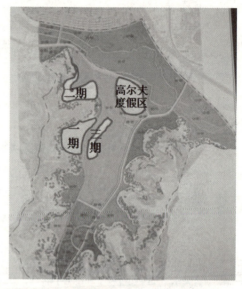

图3-21 崐云湖高尔夫花园项目规划

（3）项目规划指标

由于本项目所在区域尚未完成控制性详细规划，关于本项目建设用地的规划指标是开发商前期获得土地使用权证期间的指导性规划指标。在未来开发过程中具有一定的调整空间。

一期：总占地面积为21.3公顷，容积率0.3，可开发建筑面积6.4万 m^2。

二期：在后九洞山根处，占地26.7公顷，容积率0.3，总建筑面积6.0万 m^2。

（4）总体功能配比

本项目居住物业功能定位为私人居所和高级商务会所。考虑到本项目的区位特征，虽然目前项目与市中心存在一定距离，在短期内购买者的功能需求以休闲度假为主，但从长期来看，本项目与市中心的车程在半小时左右，具备转化为第一居所的条件。本项目私人居所的定位为兼顾第一居所、第二居所全重特质。

本项目总建筑规模如表3-9所示，各功能面积分配见表3-10。

本项目总建筑规模　　　　　　　　　　　　　　　　　　　　　　表3-9

建筑面积		主要功能
地上	64000m²	私人居所、高级商务社交场所
地下	无	
总计	63490m²	

本项目各功能面积分配　　　　　　　　　　　　　　　　　　　表3-10

主要功能	建筑规模	产品形态
别墅部分：私人居所及商务会所	总计：63000m² 地上：63000m²	套建筑面积：280～500m²
会所：别墅区配套	总计：1000m² 地上：1000m²	双拼别墅形式，具备会所使用功能

2. 产品定位

（1）产品定位原则

原则一、开发产品与市场需求相协调的适应性

开发产品的套总面积需要考虑综合开发成本、赢利目标下所设定的销售单价与销售套总价之间的关系。如果套型面积过大，将导致套总价过高而与目前济南市场需求的承受力差距甚远。因此，项目产品定位的套面积是在保证高端居住产品的功能和高舒适性要求的前提下，尽可能降低套总面积与套总价。

原则二、开发产品在未来市场中的差异性和竞争性

在济南的别墅市场中低品质而又同质化的产品竞争日趋激烈，别墅的核心竞争力已不在于某种风格或某种新生活的概念，而在于产品本身的品质，包括高舒适度、高适用性、高精度和高技术含量。通过精细化产品的高端定位本身已与济南现有的市场供应形成较大的差异。

原则三、产品类型须考虑到各自市场定位的一致性

本项目定位于高端别墅，产品类型须考虑到各自市场定位的一致性，避免由于产品差异过大，而造成项目整体定位模糊；从靠近高尔夫球场的资源优势上看，本项目应塑造高端

居住产品。如单纯追求开发规模，提高开发容积率，将不得不开发高容积率的居住产品，如联排别墅、叠拼或多层住宅产品，由于套型总面积、总价与独栋式住宅产品的总价存在较大差距，造成消费人群的阶层落差较大，对于项目高端产品的定位存在一定不利的影响。

原则四、充分考虑用地开发条件与产品类型、室内外空间环境的协调关系

别墅社区的室外环境是产品组成部分的重中之重，购买者舍弃都市的便利与繁华，其目的就是充分地接触自然，拥有私家的花园园林。忽略室外环境的塑造将对项目价值的提升不利。

通过对于国内多个城市成功开发项目的统计分析，可以发现在不同容积率下不同的开发组合具有不同的特点。仲量联行认为在 0.3 的开发容积率下，独栋产品占 80%，双拼产品占 20% 的开发模式，可以兼顾户型套面积和室外环境的要求。例如，崮云湖高尔夫花园别墅项目计划指标见表 3-11。

崮云湖高尔夫花园别墅项目规划　　　　　　　　　　　表3-11

容积率	独栋	双拼	联排	评价
0.2	100%			可以独栋为主，外部环境非常舒适
0.3	100%			可以独栋为主，如以小面积户型（350m²）为主，外部环境适中。如以中小面积户型混合（300~600m²），可以做到比较舒适的外部环境
0.3	80%	20%		如以独栋及双拼户型混合，可以做到比较舒适的外部环境。同时产品类型易分担风险，且通过产品差异实现目标价格
0.3	60%	25%	15%	产品类型多，但产品落差较大，导致项目整体的定位不清
0.4	100%			以260~300m²的中小户型为主，外部环境比较局促
0.5	80%	20%		通过小独栋（面积小于250m²）建筑密度相对较高。属于经济型别墅

（2）产品定位的要素

1）高舒适度：产品品质的核心

作为生活品质升级的产品，本项目所提供的室内空间应具有更高的舒适度，主要体现在

03 高尔夫地产项目规划设计

公共空间与居室空间的面积、公共空间的空间感受、室内空间与室外空间的交流与配合。

如果为了迎合降低总价的要求而单纯地缩减套建筑面积,将使本项目的产品舒适度与购买者在市区内的住所差异不大,不能激发购买者的购买欲望。

2)丰富的使用功能:户型品质提高在于室内功能的细化

高端别墅不是为了追求规模而简单地放大某个或全部的功能空间,而是对于功能空间的细化。如真正的豪宅应该有家庭室、影音室、阳光室、餐厅、早餐厅、书房、台球室、酒窖、收藏品陈列室等特色功能房,将把住宅品质提上一个新台阶。别墅细化的功能并不意味着别墅的整体面积的增加,空间的分配合理更为重要。

3)个性化产品:户型设计的灵活性和高适用性

注重户型设计的灵活性与高适用性。别墅是一种个性化产品,虽然产品定制的操作难度较大而未能实现,但是应该充分考虑到业主进行个性化装修的可行性。

现在别墅产品多是毛坯房,既然客户需要自行装修,开发商也就可以提供不配备隔墙的高通用性户型,在设计户型和空间分配上尽可能保持灵活,易于拆分和重组,具备高适应性,给业主自行设计装修留有足够余地。

4)尊贵的礼仪:关注产品品质的内涵延展

注重室内、室外空间的结合。兼顾室内与室外,更多地考虑阳台、露台、雨廊、绿化上人屋面等灰色空间。满足业主亲近自然,享受田园式生活的需求。别墅庭院和室外各空间的设计将与室内设计同等重要。

(3)别墅产品规划

本项目开发以独栋别墅产品为主,双拼别墅为辅,独栋别墅的面积是地上建筑面积 300~350m^2,双拼是地上建筑面积 220~250m^2;商务会所可结合双拼户型开发 450~500m^2 的套型。考虑到项目的实际情况和特点,建议对室内空间分配作一些调整。

产品类型尽可能以独栋别墅为主,但容积率 0.3 对于全部独栋别墅产品已经属于相对较高的水平,如对别墅的室外空间产生不良的影响(过密),建议通过一些双拼户型进行调节,但双拼比例不宜超过 20%。同时,开发双拼产品可有效扩展客户层面,又不至于导致客户层的差距过大,而降低项目的整体水平。

独栋别墅的套面积主要考虑的是户型的舒适性及套总价之间的关系。我们建议的户型面积可以保证其总价是市场可以接受的总价区间,同时,户型内居住空间的具有较高的舒适性(表3-12)。

● 单体户型面积 表3-12

类型	套型面积（m²）	套型比例（%）	总开发建筑面积（m²）
独栋别墅	280~350	80%	50400
双拼别墅	220~250	20%	12600

1）单体户型设计要点

朝向：结合地势，尽量争取每套都可以朝阳观景

车位：1个地下封闭停车位置设计，地面考虑第2停车位

屋顶：坡屋顶

立面材料：局部石材，两种或两种材料以上搭配使用，节能建材

立面色彩：与山景和高尔夫相呼应相协设的色调

户门：双开门

庭院：开放式庭院

围墙：无围墙，可通过好的园林景观隔开

露台：在与景观配合的条件下，安排大面积的露台

双首层概念：利用坡度使从地下车库层和地上一层均可直接入房间

2）地上建筑面积在300~450m²的别墅

市场表现和户型设计均较好的地上建筑面积在300~450m²的别墅产品具有以下特征：

地上面积300~450m²的产品在具备功能、各功能配比和布局上没有明显差别，地下为个性娱乐及设备设施空间、一层为起居室、餐厅等家庭及外向交流的空间、卧室主要布置在二层、卧室总数达到4个成为主流产品定位特征；

私密居住空间占总面积的20%~30%（占地上面积的25%~35%），随着总建筑面积的增大比例变小；主卧总面积一般在40m²以上；次卧面积不宜小于20m²；尽量设置明卫，面积约为卧室总面积的40%；

占据更大套内面积比例的公共空间中，起居室承担主要的外向功能，面积在35m²以上且挑空居多；餐厅、早餐间、茶室、可分可合，总面积一般大于40m²，厨房面积一般在17~20m²；配合居住空间布局的书房、家庭室（16~18m²左右）成为部分项目设计的亮点。

3）本项目的别墅面积和功能分配

本项目独栋别墅的地上建筑面积为300~350m²，双拼地上建筑面积为220~250m²。

03 高尔夫地产项目规划设计

考虑到项目的实际情况和特点，在上述基础上对室内空间分配应作一些调整。

一层为起居室、餐厅等家庭及外向交流的空间、卧室主要布置在二层、卧室总数为3~4个；

私密居住空间占地上面积的25%~30%；主卧总面积一般在30m² 以上，次卧面积在15～20m² 之间；主卧中要设置单独的卫生间，尽量设置明卫，面积约为卧室总面积的1/4～1/3，次卧尽量保证有一个带有独立的卫生间；

公共空间中，由于是第二居所，起居室面积需在40m² 以上且最好挑空；同时设置厨房、餐厅、总面积一般大于40m²；另可选择需配置书房（12~16m²、观景房（12～16m²）、佣人房（6～8m²）、储物间（4～6m²）和洗衣房（4～6m²）。

4）社交性企业寓所类别墅

社交性企业寓所类别墅产品并不多，与私人别墅类产品的主要差异和特征体现在：

总体面积主卧区、地下健身、娱乐区的面积有所增加；

卧室数量与居住型寓所相当，除主卧外，面积差距不大；

有室内游泳池设置，因容积率及成本的因素，本项目建议酌情考虑；

首层110m² 的客餐厅组合、环绕玄关的旋转楼梯体现了高档奢华的定位和社交娱乐的功能特点。

首层各种功能空间，应注重通透性及多个功能组合的灵活性。

（4）会所规划

由于山东黄金旅游股份有限公司已在高尔夫球场的东侧建造并运营着一个会所，包含会议和餐饮功能，同时由于本项目一期的别墅定位为私人第二居所，为了避免建设与已存在会所功能雷同的设施，建议设置提供与别墅区生活相关的配套服务设施（表3-13）。

项目会所内部功能分配　　　　　　　　　　　　　表3-13

功能	面积（m²）	备注
医疗诊室	200	用于紧急救护
健身中心	350	健身器械、羽毛球/乒乓球室
阅览室/娱乐室	200	
便利店/咖啡厅	250	
室外网球场	1个	室外
小计（室内）	1000	

3. 建筑风格

本项目的建筑风格以别墅市场主流设计风格——现代美式风格为依托，简洁、朴实的建筑外立面与周边环境完美融合。建筑设计中充分利用地势特点，创建双首层产品，最大限度满足业主社交需求。户型设计方面以居住舒适性为首要考虑，利用山坡地势与高尔夫球场景观有机互动。

建筑力争体现"独创、高雅、贵气、富有趣味、与环境和谐共生"的特点。

（1）高档不仅是豪华

产品不是简单地追求高档、奢华和张扬，而是通过运用建筑元素与材料、设计的有效组合展现建筑的内在文化气质。

（2）现代但不失贵气

尽可能通过建筑展示购买者与众不同的、健康的、高贵的文化与修养气息，避免因现代而导致的过于简约的产品形式。

（3）私密但不失和谐

每个单体建筑尽管相对私密，但建筑内部应做到各功能居室能与院落、室外景观充分交流，建筑与建筑、建筑与景观相互呼应，形成和谐共生的关系。

（4）闲居但不失高雅

以高尔夫别墅体现休闲健康的生活方式，体现精神与物质并存的需求特点。

4. 开发方式

（1）开发分期

根据一期实际的场地条件，依景观情况，是否临高尔夫、是否看得到高尔夫和光照，风向，降水等情况判断，地块北侧部分会比南侧好，地块东侧会比地块西侧好。在综合考虑项目推广策略的基础上，对地块的开发顺序进行判定：

考虑到项目启动初期，需要提升项目的市场认可度和有良好销售业绩，以带动项目后期的开发，所以选择处于一期地块的东北部、临高尔夫球场、景观及光照条件良好红色虚线内的地块作为样板组团先期推出,之后是南北组团的开发,由于南组团的西南侧靠近山体的部分,景观及光照条件都不好,所以考虑将会所放置在那里;

在样本组团和南北组团中都将会有独栋和双拼别墅的分布。

项目用地内由五个组团组成。可采用寓意不同的主题命名。除样板组团的规划在10~20栋别墅外,其他四个组团的规模在30~40栋之间。主要出发点是考虑济南别墅项目的吸纳状况,这样组团式的布局使项目在操作上具有很强的灵活性。同时,保证各组团建设的相对完整,且使项目的开发节奏与市场吸纳周期相适应。

(2)开发策略

为了保证别墅项目的开发,一方面能够充分体现别墅的销售价值,另一方面要兼顾整体项目的资金投入和开发周期间的合理关系。

由于目前本项目地块小的区域环境未具备高端别墅的环境和氛围,所以整体项目首先进行市政、道路和园林景观的建设,创造出高档项目的感觉。

会所、酒店同别墅同期建设,于项目销售前开业,起到展示、体验的作用。

考虑到投资的经济性,会所应集中建设,一方面避免功能的重复设置,一方面降低开发与运营资金的占用。为解决居住者对会所使用的便利性,可借助管理服务降低其不利性。

本项目定位高端别墅,总价较高,为了达到此类客群购买别墅个性化、多样性的需求目的,对单体面积超过 $800m^2$ 的别墅考虑定制化开发。

由于定制化开发涉及报建、设计、施工、销售、交房等多个环节采用非常规的操作模式,采用的比例不易过高,且应充分研究并论证各环节实施的可行性。

紧紧围绕项目主题定位,注意保证环境质量和开发档次,形成鲜明的区域特色和功能合理的总体布局,避免北京郊区发展中常见的同质化模式。

新手知识总结与自我测验

总分：100 分

第一题：高尔夫球场与房产设计有哪几个难点？（20 分）

第二题：高尔夫球场如何做到与整体项目宏观协调？（30 分）

第三题：高尔夫球场建设一般分成哪几期工作进行？（15 分）

思考题：如何做到高尔夫地产的一体化规划设计？（35 分）

得分： 　　　　　　　　　　签名：

高尔夫地产新兵入门 04

高尔夫球场运营管理

操作程序

一、高尔夫球场运营管理常见问题

二、高尔夫球场经营策略

三、用差别定价法提高高尔夫球场收益的方法

四、高尔夫球场客户时间管理

五、高尔夫俱乐部的经营管理模式

六、完善高尔夫俱乐部管理体系

七、案例解读：辽宁铁岭龙山高尔夫俱乐部经营管理架构

本章使用指南

目前我国高尔夫球场的一个通病是同质化现象严重，球场定位不清，经营管理水平薄弱。高尔夫球场的管理，主要表现在对顾客的管理上。如何形成特色经营，前期应以消费者的心理期望来获取品牌效益。后期的运营，更应该在客户的时间管理上提升整个球场的运作效率。

本章介绍了高尔夫球场的经营策略以及提高球场的运作效率的方法，同时分享了高尔夫俱乐部管理体系的借鉴经验。

一、高尔夫球场运营管理常见问题

高尔夫球场的管理运营是投资高尔夫地产的重要回报渠道。但球场管理不当仍是大部分高尔夫球场的普遍问题，直接影响到高尔夫地产的投资回报效率。纵观目前高尔夫球场的管理现状，存在如图4-1所示的四种现象，球场的运营效率仍然有很大的提升空间。

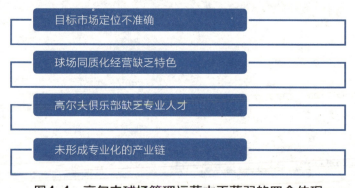

图4-1　高尔夫球场管理运营水平薄弱的四个体现

问题1. 球场目标市场定位迷失

我国高尔夫球场类型的定位迷失，导致两个问题的出现。第一是导致了所有的球场都在争夺同一类小众人群，高尔夫球场的客源不足，变相的访客经营以及价格战争在所难免；第二则是更多更大的潜在市场、潜在人群无人顾及。

（1）重会员制球场、轻公众型球场

发达国家的高尔夫运动都是作为大众化的体育休闲运动推广和普及的，每10个人或每8个人就有一个人打球。高尔夫球场大多也为公众型球场。而在中国，目前除了少数几家公众球场外，绝大多数的高尔夫球场都是会员制球场，面向高尔夫潜在消费人群中的上层。公众球场以及练习场的发展远远落后于需求增长的速度，严重限制了中层和亚中层的需求实现。

（2）球场会员费昂贵成为推销会籍的障碍

会员制球场高额的会员费用一方面限制了高尔夫人群的发展与高尔夫运动的普及，另

一方面也使得自身的经营面临着客源不足、会员数量不饱满等诸多困境。

由于缺乏练习场、公众球场的基础，使得很多对高尔夫有兴趣的消费者因为高昂的会员费用而止步在高尔夫球场外。很多白领人士都接触过高尔夫，但是昂贵的高尔夫会籍却成为他们进入高尔夫圈子的拦路虎。同时由于缺乏大众性的推广体验平台，中国的很多具有消费潜力的人群无法接触到高尔夫，无法亲身感受高尔夫的魅力，也就无法萌生对高尔夫的兴趣。消费者的认知不够，对消费者兴趣不足，成为很多高尔夫球场推销会籍时的主要障碍。

问题 2. 球场同质化经营缺乏特色

审视中国各大高、中、低档高尔夫球场，对比国外运作良好的高尔夫球场，会发现中国高尔夫球场千篇一律，所有球场都针对同一类人群，所有球场都宣扬自己的球场设计、球场环境。大部分球场除了环境的差异外，几乎没有任何自身独特的差异属性，没有属于自己独有的与其他球场相区别的竞争优势。这就造成了目前所有的球场，无论是高档、中档还是低档都是处于同一个竞争层级，价格成为很多球场不得已但又是唯一的竞争选择。

（1）产品链单一导致项目平庸

综观整体市场，亏损的高尔夫项目中，物业产品大多雷同，缺乏项目特色。当前高尔夫地产开发，主要将关注点放在住宅物业上，利用住宅销售平衡整体财务，同时配套少量的酒店、会所、度假类产品，这样的设计导致项目平庸，缺乏吸引力，最终球场经营亏损。

在国内较有影响力的高尔夫项目，除球场设计有足够吸引力外，其产品链也较为丰富，经营项目比较多元化。

> **案例链接**
>
> 上海天马乡村俱乐部27洞的国际锦标级高尔夫球场分为三个各具特色的独立球场，水上练习场和陆上练习场运动服务设施齐全，各种设施配备齐全。项目内的运动公园里足球场、攀岩、休闲农庄、健身房、SPA、专卖店等设施各富特色，其开发的天马高尔夫别墅区也成为一个高档国际社区。

（2）球场消费人群需求日趋复杂

以前球场数量少时，有高尔夫球打，有一个私人的场地用于商务休闲，消费者已经觉

得是享受。但是，随着国内高尔夫球场数量的不断增多，消费者对球场的选择也更为挑剔，购买会籍或者是组织打球等消费行为也更加理性，消费者在选择高尔夫时并不仅仅是为了打球的需要，还有打球背后更多的需求。

> **案例链接**
>
> 　　度假型的高尔夫球场最大的差距在于度假、休闲、娱乐配套还很缺乏，一方面除了打球外难以满足客户更多的度假需求，与客户对度假型球场的心理要求不符；另一方面也很难吸引与不打球的朋友、家人共同度假的客户，限制了客源类型。
>
> 　　因此，度假型球场要逐步完善度假配套设施，一方面增加硬件配套设施的建设，并争取开发一些特色配套；另一方面充分利用资源，挖掘新的资源。除了巩固商务度假型客户、朋友度假型客户外，拓展家庭度假型客户。

（3）球场提供的服务和视觉感受雷同

　　大多数球场都没有属于自己独有的风格以及经营方式。无论是高端球会还是中低端球会，都锁定同一人群、宣传同样的东西，A球会与B球会的差别只是硬件以及价格方面。大多数高尔夫球手都有同样的感受，走进国内高尔夫球场，无论是所提供的服务，还是球场的视觉感受，都非常雷同，没过大区别。

　　无论是会籍百万元的球场还是会籍十万元的球场，所有球场都在贩卖同样的东西，即球场的交通、球场的环境、球场的设计、球场的球洞、球场曾经举办的赛事、球场的会所、球场的其他休闲娱乐设施。百万元级别与十万元级别的会籍差别仅仅在于球场的交通便利性、球场本身硬件的舒适性。

问题3. 高尔夫俱乐部缺乏专业人才

　　高尔夫俱乐部缺乏接待高尔夫旅游者的高素质的专业人才及员工。目前，很多俱乐部的高层领导人、市场高级营销者、俱乐部酒店高级管理者等主要靠高薪从国外聘请，要不就派遣员工到国外专业学校进行培训，而且很多员工都是从农村招聘过来，缺乏专业培训，专业素质不够，无法满足高层次消费者的需求。

问题 4. 未形成专业化的高尔夫产业链

高尔夫从建设到运作，形成了专业的设施和运动用品的供应商，球场维护管理的专业公司，提供客源业务的广告公司及服务机构，最后是配套项目的发展。

高尔夫活动主要是为客户提供休闲的场所，作为其他类型的住宅、公寓、医院、娱乐中心、商业中心等配套项目也需要建立，作为高尔夫项目的辅助支撑，提高高尔夫俱乐部的品质与价值。

目前现状是，大多数供应商都是国外厂商在中国的代理机构，中国仍未能形成自己的产业化，提供客源相关独立的经纪公司较少，提供专业品牌宣传的媒体机构发展也十分不充分。

二、高尔夫球场经营策略

球场定位是决定未来经营球场是否具备市场竞争力与长期经营成功的重要因素。在球场快速建设的过程中，必须把握好发展方向与出路，更重要的是做好市场定位，不然高尔夫球场将会最终成为经营者的负担。

任何高尔夫球场兴建前，一定要像任何的大型地产开发项目一样，首先要了解目标消费群、高尔夫的竞争环境、项目的功能特色、政府的支持度乃至项目周边的交通状况等因素与业主想象的发展成果，透过分析讨论确定项目定位，最后制定整体发展策略。

1. 前期定位：以消费者心理期望获取品牌效益

球场建设初期在就考虑建何种类型的球场时，就应先考虑消费者（不论是房产，会籍或打球客）能接受的心理期望、业主对市场未来的预期接受度、业主投资能力的搭配、投资回收的时间、开发的节奏等重要因素，透过专业经营者的建议为业主提供选择。让产品在消费者心中留下清晰的印象，并能够差异化区别于其他球场，球场经过引导消费者，通过这些互相作用的过程，共同完成球场市场定位。

强化高尔夫企业在市场中的定位，能使消费者对其关注度越来越高，所带来的品牌效益也会越来越强。

案例链接

上海佘山虽然2004年才建成开业，然而俱乐部花巨资引进亚洲有史以来奖金额最高的体育赛事，从此奠定了其顶级赛事球场的定位，之后为了继续强化市场效益巩固自身在中国市场的地位，持续举办该项赛事达到宣传的效益，成为中国最好的球会之一，在中国高尔夫市场中形成了品牌效应。这是球场定位成功执行的最好例子。

2. 后期执行：以持续的领导地位维持市场份额

影响市场定位的因素有很多，其中有价格的定位、消费对象的定位、消费时间段的定位等。在市场定位策略中，如果是持续处于领导地位的定位一定要不断地对球场设计、市场领导地位进行持续执行，以达到维持市场份额的目的。

案例链接

中国深圳观澜湖高尔夫球会便以世界第一大高尔夫球场著称，然而早期的观澜湖并不是世界第一大，而是中国第一大高尔夫球场。观澜湖于1994年正式开业，经过数年发展，以中国第一发展到亚洲第一，现如今以12大球场216洞的规模被吉尼斯世界纪录组织认定为世界第一大高尔夫球会。观澜湖的市场定位就是要做高尔夫市场中的第一大球场，而且其发展策略和市场宣传口径也是如此。

操作程序

三、用差别定价法提高高尔夫球场收益的方法

收益管理要求企业把产品按不同的价格适时地卖给不同类型的顾客，从而获得最大的收益。因此，从本质上来说，收益管理是一种差别定价法（又称为歧视性定价法）的应用。高尔夫球场的差别定价法主要体现在会员与非会员的差别、淡季与旺季的差别两个方面。

高尔夫球场收益管理通常采用差别定价，重点在于建立起一套以顾客的需求为导向的定价法。这也是提高高尔夫球场收益的思路之一，可以单方面提高球场的整体价格，但需要视球场的实际情况而定。

1. 根据球场的实际情况提高整体价格

为了提高高尔夫球场整体收益，一个最简单的价格策略便是提高整体价格。在某些高尔夫球场，提价措施是可行的，但必须包含以下几个前提条件：

第一，球场周边的低价竞争者较少；

第二，顾客的转换成本很高（特别是对于拥有终身会籍的球员来说转换球会较困难）；

第三，顾客对价格不太敏感（一些定位高端的高尔夫球场，顾客一般对价格不太敏感）；

第四，价格上涨较为温和。

2. 非会员与会员采用差别定价

高尔夫球场的国际定价惯例是，会员、嘉宾与散客之间有天壤之别，只有会员及其嘉宾才可以享受贵宾级的待遇。在一些高端的球会，不是会员或受会员邀请的嘉宾，根本不允许下场打球。一般来说，购买了会籍的会员只用支付少额的入场费、球童费和球车租用费等，各个高尔夫球场都会给会员较大的折扣，而对非会员收取较高的价格。

> **案例链接**
>
> 高尔夫球场成功执行这种两部收费制的价格策略的关键在于合理地确定入门费（会籍价格）和使用费（入场费、球童费和球车租用费等），目前国内高尔夫俱乐部在会籍价格和入场费的价格的制定方面非常混乱，没有科学的指导方法。

3. 不同时段采用不同的差别定价法

分时段的差别定价主要目的是调整淡旺季的需求，常用的方法是在球场需求较少的时段推出价格折扣。同时，应注意折扣的合理性，过多的折扣会对高尔夫俱乐部的形象造成一定损害，也会降低会员的质量。

（1）根据淡旺季需求变化适当提供价格折扣

高尔夫球场存在明显的淡旺季，为了有效地调整淡旺季的需求，在需求淡季时提供价格折扣是十分必要的。许多高尔夫球场在周一到周四都推出优惠价格，对早晨8点以前来打球的球员提供价格折扣等。比如，台湾大台中都会区的苗栗县全国高尔夫花园球场，推出"早球活力项目"活动，凡十周一到周五、平日的上午八点三十分前发球者，除了打球价格优惠外，还附赠两百元餐食抵用券。这些都是提高球场收益值得借鉴的做法。

（2）使用价格折扣需谨慎

高尔夫消费者除消费产品本身以外，还消费这些产品所象征和代表的意义、心情、美感、档次、情调和气氛，同时高尔夫消费者也会通过选择高尔夫运动这种生活方式来表明自己的阶级身份，表明自己与其他阶级之间的关系和社会距离。所以，高尔夫球场在选用价格折扣时需谨慎，可以在需求非高峰时期提供免费的产品和服务（如客房、球车等），安排一些赛事或娱乐活动来吸引客人，这样既可以扩大收益，又可以不损坏企业的形象。

球场经营者应意识到，大量使用折扣是危险。顾客通常会将价格与服务质量联系在一起，过多的折扣有损企业形象，特别是对于高尔夫俱乐部来说，当球场上充满了大量"廉价"的客人时，会让原有会员对会籍感知的价值较低。

四、高尔夫球场客户时间管理

目前国内高尔夫球场经营的"主流"模式是会员制，会员制又可分为封闭式和半封闭式。在需求高峰期，高尔夫球场一般要求客人提前预订。为了提高高尔夫球场的使用效率，降低球场的管理成本，有必要对顾客需求时间上的不确定性进行管理，即时间管理。

高尔夫球场在运作活动中受时间的约束很大，严格来说，高尔夫球场销售的是球场某段时间的使用权。在需求高峰期时，为尽可能增加球场的收益，球场经营者应该努力增加球场时间段的销售数量以确保每个时间段球场的使用权都能够销售出去。

1. 三种常见的顾客未按要求到达的类型

已预订了高尔夫球场的客人并不总是如约到达，特别是在需求高峰期时，给球场的运营带来很大影响，从而使球场的收益受到损失。一般来说，未按要求到达的顾客主要如图4-2所示的三类。

图4-2 顾客未按要求到达的三种常见类型

类型1. 预订而未到者

按照惯例，高尔夫球场是按场次进行销售，一场高尔夫的时间是指球手实际在高尔夫球场完成18个洞（或9洞）的时间（所谓完成1个洞是指一颗球自发球区打击至其进洞为止）。为了提高球场的利用率，每个球场上会同时进行多组的高尔夫运动，一般来说，当第一个组完成第一个洞的击球任务后，第二个组就接着在第一个洞的发球区开始发球，按照此顺序各组逐渐完成18个洞（或9洞）的整场高尔夫。在需求高峰期时，高尔夫球场会预先设置每个球场可以接待的组数和每组球员的开球时间，如果球员预订而未到，球场的接待量就达不到预计的标准，球场会损失一部分的收益。

类型2. 迟到者

指比预订的时间晚到者。如果迟到者错过预订的开球时间，而又没有早到的球员来填补，那么球场该时段的收益也会遭受损失。

类型3. 预订而未到齐者

在需求高峰期时，为了缓解球场供不应求的情况，高尔夫球场通常将球员分为四人一组。如果顾客预订时预约的是四人，刚好组成一组。但假如这组客人没有到齐，只到了三人或两人，在没有其他合适的客人补充进来的情况下，高尔夫球场便会损失一笔入场费（有些地方称为草坪费）。

2. 减少顾客到达球场的不确定性

为了有效地应对顾客到达球场的不确定性，高尔夫球场经营者可以从内部和外部两个方面入手（图4-3）。

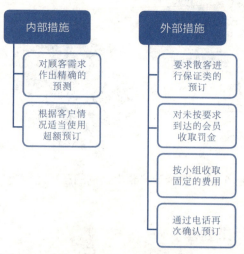

图4-3　减少顾客到达球场不确定性的措施

（1）内部措施：合理规避顾客未按要求到达

提高高尔夫球场使用效率的内部措施，主要是基于以往顾客信息的收集分析作出的一种预测，适当采用超额预订等手段，对顾客未按要求到达的情况进行合理规避。

1）对顾客需求作出精确的预测

高尔夫球场需要借助于电子信息系统建立全面的顾客需求信息，根据以往历史记录，对球场的淡旺季、需求高峰期的时段、未按要求到达顾客的比率等作出精确的预测。精确的顾客需求信息系统是成功进行收益管理的先决条件，也是成功实施超额预订的关键。

2）根据客户情况适当使用超额预订

高尔夫球场常常遇到由于客人未按要求到达，球场的开球时间不能顺利售出的情形，为了弥补收益的损失，球场可以适当地进行超额预订。

超额预订政策的关键在于设置一个合理的超额预订水平，这需要借助于以往的历史资料和管理人员的个人经验。高尔夫球场在采用超额预订措施时必须谨慎，必须将球场未使用的开球时间所造成的损失和超额预订失败所带来的顾客不满以及安抚顾客额外的成本（如价格折扣、免费使用）作一个比较，慎重地考虑是否应该采用超额预订的措施。

（2）外部措施：让顾客分担球场的损失

由于担心会引致顾客的不满，许多高尔夫球场尽量回避使用超额预订方式，转向于使用一些外部控制措施。这些外部控制措施的基本原则是让顾客分担球场的损失。

1）要求散客做保证类的预订

高尔夫球场可以仿效酒店和航空公司的做法，在高峰期时只接受保证类的预订，即事先要求顾客提供信用卡账号或支付订金，这种策略主要适用于散客。

2）对未按要求到达的会员收取罚金

我国高尔夫球场大多采用会员制，因此在会籍规则中都有明确的说明，如果预订未到或没有在规定时间之前取消将处以一定罚款。为了得到会员的理解，球场应该和会员进行充分的沟通，让会员意识到他们的行为给球场带来的损失。

3）按小组收取固定的费用

对于预订而未到齐的情况，一个合理的挽回球场损失的做法是采用灵活的费用收取方式。球场收费方式不仅可以按人次收费，而且可以按小组收费，小组收费略低于四人费用的加总。这样既可以满足客人多样化的需求（有些客人宁愿单独一组或两人、三人一组），又能解决客人人数未到齐所给球场带来的损失问题。

4）通过电话再次确认预订

这是一个更温和的方法，这要求球场工作人员在规定的时间之内对已预订的客人进行电话的再次确认。这种方法可以提高球场对顾客到达情况的预测和控制，同时也会给顾客留下良好的印象。

3. 缩短每场高尔夫所需时间

由于球员技术水平的差异，每一场高尔夫所用的时间是不同的，通常一场高尔夫运动需花费 3～5 个小时的时间，如果客人打球速度过慢，特别是在节假日，当顾客需求较大时，就会出现"压场"等现象。慢打的球手可能是高尔夫球场管理中所面临的最大问题，这是导致高尔夫球员不满和退出高尔夫运动的最主要原因之一。

高尔夫球场上运动的流程如图 4-4 所示。

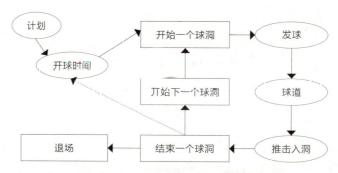

图 4-4　高尔夫球场上运动的流程

为了使球局顺畅进行，高尔夫经营者有必要加强时间管理：

（1）限制时间

高尔夫经营者可规定每场球的最长时间，国内一般的做法是将时间限制在四个半小时或四小时之内。

（2）限制杆差

许多球场为了确保球场速度，在周末及节假日特定时段，限制杆差在 36 以上的男球手和杆差在 42 以上的女球手下场打球，但这种做法一定要考虑客人的可接受程度。一个更好的处理办法是将这类球手安排在比较靠后的场次开球（如下午三点半或者更晚），或者在球场设计中为不同能力的人提供不同种类的开球台。

（3）加强巡场

球场应安排职业教练轮流巡场，控制整体流动节奏，提示超时慢打的球手，处理影响正常运行的事宜。球童在球场速度控制方面扮演着重要的角色，他们可以引导客人正确的打球路线，避免客人在球场内不必要的走动，随时提醒客人的打球速度。当然球场还可以引进一些高效的高尔夫球场的监控系统软件，使球场工作人员可以随时掌握球场的状况，并且视具体状况规划或调整人力配置，从而大幅提升高尔夫运动的节奏与球场管理的效率。

（4）缩短开球时间间隔

大多数高尔夫球场的开球时间间隔在 8～12min，减少开球时间间隔可以扩大接待量，增加收益。国内一些高尔夫球场（如观澜高尔夫球场）就将开球时间设定为 8min。球场如果将开球时间间隔由 10min 缩减到 8min，接待能力将会增加 25%。当然开球时间间隔的确定一定要科学合理，尽量避免冒犯客人。除了采用固定的开球时间间隔外，球场还可以采用一些灵活的开球时间间隔的做法，如 8min 间隔和 9min 间隔之间轮换，或者根据各个球洞的具体情况设定不同的开球时间间隔。

操作程序

五、高尔夫俱乐部的经营管理模式

传统的高尔夫俱乐部经营管理，一般是由业主自主经营、任用或者委托职业经理人全权负责管理。在高尔夫行业的发展中，诞生了一批优秀的高尔夫管理公司。

根据行业的发展趋势看，获得可持续发展将会是高尔夫俱乐部的创新经营模式的方向。

1. 传统高尔夫俱乐部经营管理模式分类及特点

国内的诸多高尔夫俱乐部管理公司，大部分是依托原本的高尔夫球场而设立的，管理也仅局限于自己球场的管理，甚至一些公司连自己的球场都没有管理好。

其他独立的高尔夫管理公司，基本上都处于人才不足的情况，根本没有能力去承担球场的管理，及时承接业务，也大部分只是挂名由总经理招兵买马重新搭建管理平台。

国内高尔夫管理公司的发展时间很短，同时从业人员基本素质低，很多高尔夫管理公司实力受制于经济实力、人才瓶颈、欠缺自身管理理论等因素，造成国内诸多高尔夫管理公司明显实力不足。

我国高尔夫俱乐部管理模式的现状可分为如图 4-5 所示的三类。

第一，业主直接管理；

第二，业主任用职业经理人全权负责管理；

第三，业主委托专业的高尔夫管理公司进行管理。

图4-5　国内高尔夫俱乐部的三种管理模式

模式 1. 业主直接管理

这类模式是由高尔夫俱乐部的所有者，即国内较大企业的企业主亲自进行人员任用、场地维护以及日常经营的管理方式。这种管理模式在中国较为普遍，是国内大多数高尔夫俱乐部都在采用的管理模式。这种情况产生的根源是，目前国内大企业主都是"富一代"，他们不放心将自己一手积累起来的资金交给职业经理人或者专业高尔夫管理公司进行打理，而更偏向于一切都由自己来经手。

业主直接管理模式的特点如图 4-6 所示。

04 高尔夫球场运营管理

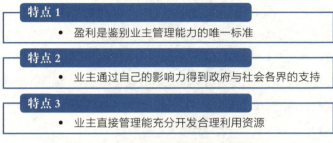

图4-6 业主直接管理模式的特点

特点1. 管理者只对盈利负责

这种管理模式,业主管理主动性不言而喻,由于不存在任何权利制约,业主完全可以按照自己的方法去管理,这在一定程度上对高尔夫俱乐部这样的高投入、高产出项目还是有利的。业主并不像职业经理人或者管理公司,需要对合同或者协议负责,业主唯一需要负责的就是俱乐部的盈利,盈利是鉴别业主管理能力的唯一标准。

特点2. 业主个人影响力能为项目获得声名

业主一般会将高尔夫俱乐部建在与自己产业相关的地域,这在很大程度上有利于高尔夫俱乐部的发展。作为当地企业家的业主,能够利用自己的人脉关系为高尔夫俱乐部扩大客源,高尔夫俱乐部也能从中获利。业主会通过自己在当地社会的影响力使高尔夫俱乐部得到政府以及社会各界的广泛支持。政府可能就高尔夫用地、税收优惠等方面给予高尔夫俱乐部一定的优惠,这些职业经理人和管理公司没法做到。

特点3. 业主直接管理能充分开发利用资源

业主由于本身便是当地企业家,对当地的消费水平、文化背景、消费习惯和消费能力都有较为深刻的了解,这会在高尔夫俱乐部的消费人群定位、高尔夫俱乐部档次和价格策略中体现出来,进而使高尔夫俱乐部能更好地适应当地特色。外来进入的管理者由于对当地情况并不了解,也许会出现定位偏差的问题,这致使高尔夫俱乐部没法合理有效地利用手头的资源运营谋利,没法在有限的资源下获得最大收益。利用有限的资源进行合理分配来获得最大的利益或者产出,这本身就是管理学的最主要的目标。作为企业主的业主直接管理在资源的充分开发和合理利用方面具有更大优势。

模式2. 任用职业经理人全权负责管理

业主任用职业经理人全权负责管理高尔夫俱乐部是高尔夫俱乐部管理的第二种管理模式。在这里,职业经理人是指那些本身便是其他行业(或高尔夫行业)的高层管理者,并且还对高尔夫有一定爱好，愿意来经营管理高尔夫俱乐部的高素质管理人才，他并不属于高尔夫俱乐部管理公司，只是单一的职业经理人。在这种模式下，业主并不出面进行高尔夫俱乐部的管理，而是将自己的人事任用、场地选择维护、平日经营、定价等权利都全部交由一个职业经理人，由这个职业经理人全权负责高尔夫俱乐部的经营管理和盈利，相当于业主将高尔夫俱乐部的盈利能力托付给了职业经理人。

任用职业经理人全权负责管理的特点如图 4-7 所示。

图4-7　任用职业经理人全权负责管理的特点

特点 1. 职业经理人能有更多的时间与更强的能力

这种管理模式的好处是业主不必亲自管理，职业经理人在经营管理高尔夫俱乐部这方面的能力明显会强于业主。职业经理人相对于业主会有更多的时间来花在经营管理上，另外，职业经理人一般本身便有高尔夫背景，对这个产业有很好的理解也是他们的一大优势，只有自己有亲身体会才能更好地管理这个行业。

特点 2. 职业经理人对当地情况有很深了解

业主自然不会将自己的产业交给一个完全不了解本地情况的职业经理人，和业主经营管理相同，职业经理人也会对本地情况有很深了解，一个称职的职业经理人在进行球场选址、人员培训、相关产业建设和定价时可以做到非常合理地适应本地市场。当然，有许多高尔夫球场并不只是针对本地客户，比如有些不采用会籍制度而看中高尔夫旅游人群的球场，这些球场的各方面情况自然不必完全考虑本地适应性的问题，但是，能适应本地的资源条件总是好于理想化地去建设球场进行盈利。

模式 3. 委托专业的高尔夫管理公司管理

在这种管理模式下，业主本身并不参与高尔夫俱乐部的管理，只是作为资金提供方和受益方，相当于股份公司的股东，而且在一定程度上算是优先股的股东，虽然享有受益的权利，但是很少或者干脆完全不干涉俱乐部的经营管理，完全交给专业的高尔夫管理公司去经营管理。

采用专业高尔夫管理公司，是西方普遍采用的管理模式，有其自身特有的优点。最主要的优点就是专业。不论是从业人员的素质，还是整个公司管理经营高尔夫俱乐部的经验，都是业主直接管理和采用职业经理人管理无法比拟的。

委托专业高尔夫管理公司管理模式的特点如图4-8所示。

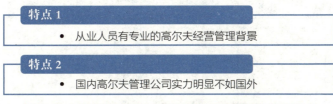

图4-8 委托专业高尔夫管理公司管理模式的特点

特点1. 从业人员有专业的高尔夫经营管理背景

专业高尔夫管理公司的员工一般来源于高校的高尔夫管理或者体育管理相关专业，前几年国内还没有这样的相关高校相关专业，最近国内也开始出现了一些高校招收这些专业的学生进行教学。这些学生本身便有很高的文化素质，理解分析问题也远远好于球童等，并且他们还会在学校中学习相关的管理学科，比如管理学、经济学和社会学，这些学科毕业的学生进入高尔夫管理公司一般会担任管理高尔夫俱乐部的重任；另一些植物学、园林学或建筑学的毕业生在毕业后会进行草坪设计维护、高尔夫相关建筑设计工作。

特点2. 国内高尔夫管理公司能力普遍低于国外管理公司

这个管理模式在国内并没有发挥国外那么大的作用。这由许多方面因素造成。首先，国内高尔夫管理公司的发展时间很短，同时高尔夫从业人员基本素质低，因而很多高尔夫管理公司实力受制于经济实力、人才瓶颈、自身管理理论的欠缺等因素，造成国内诸多高尔夫管理公司明显实力不足。

其次，当然是因为国内并没用好的高尔夫俱乐部管理公司，人才不充足。国内很多管理公司，多是依托原本球场而成立，最后只能自己管理自己的球场，甚至连自己的球场都管理不好。

另外，其他独立的高尔夫管理公司，基本上都处于人才不足的情况下，没有能力去承担球场的管理，即使能承接业务，也只是挂名由总经理招兵买马重新搭建管理平台。

2. 高尔夫俱乐部经营的可持续发展创新模式

高尔夫俱乐部长久稳定经营的趋势是注重可持续发展，因此，高尔夫俱乐部的发展模式更强调创新。目前可借鉴的可持续发展有三种模式，包括多元化、集约化、连锁化的可持续发展创新模式（图4-9）。

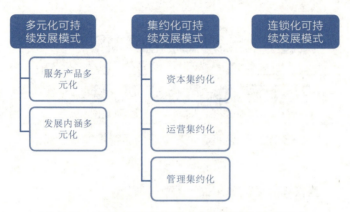

图4-9 可持续发展的高尔夫俱乐部创新模式

模式1. 多元化可持续发展模式

高尔夫俱乐部可持续发展模式主要从两个层面上实行多元化：一个是通过自建酒店或与酒店业结盟，提高项目的服务类别，从而实现服务产品多元化。另外一个是将高尔夫实体产品与高尔夫休闲文化相结合，丰富高尔夫俱乐部的内涵，实现内涵的多元化发展。

1）服务产品多元化：自建酒店或与酒店业结盟

各类与高尔夫相关的企业对国际高尔夫市场横向和纵向开发的不断深入，国内外（特别以东南亚地区为主）高尔夫旅游市场的兴起，为中国高尔夫俱乐部提供了更为广阔的市场空间，也对高尔夫俱乐部所提供服务的多样性提出了更高的要求。市场需求的多样化要求高尔夫俱乐部能够为球友提供更全面、更细致、更具个性化的服务。高星级酒店的服务管理模式与方法理所当然地应引入高尔夫俱乐部的管理体系中。

在做好各细分市场的渠道建设和客户关系管理的基础上，针对封闭型和半封闭型俱乐部的顾客需求的层次和数量，考虑自行投资兴建高尔夫主题酒店或与其他酒店结为战略联盟。如果俱乐部客源以商务客人为主，且客源数量饱满，无明显的季节性，可考虑自行兴建主题酒店；若客源以团队为主，并具有较强的季节性，考虑到俱乐部附加设施的建设及维护成本，可与当地的酒店建立战略联盟，将休闲、娱乐、健身等业务外包给予俱乐部签订协议的酒店。

高尔夫俱乐部为球友提供包括击球、住房、餐饮、会议、康乐等全方位、更细致、更周到的服务是在激烈的市场竞争中争取客源，获得竞争优势的必然要求。同时，也改变了高尔夫俱乐部单一的运作和服务模式，形成球、房、餐、会四轮驱动的经营格局，使高尔夫俱乐部的经营和发展步入一个良性循环的发展轨迹。

2）发展内涵多元化：将高尔夫休闲文化与实体产品结合

随着高尔夫运动的发展和普及，它已不仅仅被看作是一项纯粹的体育竞技运动，同时也是一种高雅的绅士运动。在人们的生活中，没有体育的生活是不健康、不完整的、不可想象的。因为体育运动已经成为一种文化，成为一种生活方式和生活自觉。随着社会的进步，人们闲暇时间和收入的增多，高尔夫运动不再是上流社会和白领阶层的专利，而作为一种独特的休闲文化进入大众化的休闲生活。尤其是都市生活的人群，将高尔夫休闲视作个性与品位、身份与地位、健康与休憩、自然与生态的生活象征，从而表现出丰富多彩的休闲文化。

由此，高尔夫俱乐部在产品体系的开发过程中可将高尔夫休闲文化与高尔夫实体产品进行有机的联系和整合，让球友和游客在高尔夫休闲文化活动中体现人与人、人与自然的和谐关系，进而完善和升华高尔夫服务产品的内涵。

模式 2. 集约化可持续发展模式

高尔夫俱乐部集约化可持续发展模式包括三个层面：

第一，资本集约化，必须是有较大产业规模与资金的支持，将高尔夫俱乐部包装上市；

第二，运营集约化，这是由行业发展所带来的机会，运营好的俱乐部兼并收购运营较差的俱乐部；

第三，管理集约化，主要是借鉴国外先进的管理模式，在俱乐部内部深度执行标准化体系。

1）资本集约化：将高尔夫俱乐部包装上市

一些具有较大产业规模和资金实力的集团可以把旗下的高尔夫俱乐部作为一个单体机构来包装上市进行资本运作链条的开展。通过公开、合理、合法的上市，在证券交易所挂牌，可以较大规模地拓展资金的运作渠道，为其后持续地开展提供资金保障。除单体的高尔夫俱乐部机构外，该上市公司还可以联结与其相关的上下游企业，如航空、餐饮、酒店、交通、商业、旅行社等企业共同凝结成为经济实体，进而增强总体竞争能力。

2）运营集约化：兼并收购使资源配置更合理有效

中国高尔夫俱乐部经历了 20 多年发展历程，有一些高尔夫俱乐部取得了成功，也有一些高尔夫俱乐部在发展中陷入了较为艰难的境地。这就为高尔夫行业进行较大程度的兼并收购提供了良好的发展契机。

行业并购产生的意义是，通过较为科学合理的兼并收购使资源进入更为合理有效的配置状态，为较大规模高尔夫俱乐部集团的发展创造可能。

3）管理集约化：深度执行标准化体系

中国高尔夫俱乐部的发展应与世界同类俱乐部的标准接轨，在标准化的规范和模式下凸现自身质量和环境标准的素质。标准化管理涉及的范围较宽，一般包括质量、环境、安全、卫生、秩序等方面的标准化要求。

质量和环境是其中最重要的两个要素。"质量"和"环境"方面的标准化可以借助国际化标准组织发布的 ISO9000 和 ISO14000 系列标准，前者是质量管理标准，后者是环境管理标准。中国高尔夫俱乐部引入标准化管理，是中国高尔夫俱乐部可持续发展的必然要求：能够促进相应环境的保护；有助于该高尔夫俱乐部品牌形象的树立；更好地满足发挥其特有的功效和魅力。

模式 3. 连锁经营的模式优势

当前，中国高尔夫俱乐部发展最缺乏的要素是：品牌、管理技术、改造资金。鉴于此，饭店集团管理模式中的自建自营、承包经营、租赁经营、委托管理以及特许经营、连锁加盟、饭店联合体等模式都有相应的借鉴意义。特别是连锁经营是解决以上问题的有效途径，因为用连锁经营的方式既可以用来输出品牌、管理技术和营销网络，又可以用来输出高级管理人才。

连锁发展经营模式可以有如下的显著优势：

一是有利于实现规模化经营，专业化管理，规范化服务；二是有利于提高劳动效率和经营效益；三是有利于资源共享，比如建立网上预定系统；四是有利于创建知名品牌，扩大知名度，提高竞争力。

操作程序

六、完善高尔夫俱乐部管理体系

高尔夫俱乐部管理是高尔夫地产经营管理的重要组成部分，建立完善的管理体系，是提升球场整体管理运营水平的关键。一方面，必须加强高尔夫管理人员的培训，另一方面，应注重俱乐部企业文化的建设，为高尔夫球场的运营创造良好的氛围。

1. 优秀高尔夫管理公司必须具备五个标准

聘请高尔夫管理公司协助管理高尔夫球场,经营的水平是该公司最重要的考核标准。一个优秀的高尔夫管理公司必须具有较强的综合实力,一般可以从如图 4-10 的五个标准进行衡量。

图4-10 优秀高尔夫管理公司的五大标准

标准 1. 优秀的管理团队

管理公司应该有完备四个方面:人力资源系统、财务系统、运作系统、资深销售总监,只有拥有这样一支团队,才能够保障接手新球会以后可以快速、熟练地经营运转起来。

标准 2. 优质的后备人才储蓄库

高尔夫管理公司应该像所有其他行业管理公司,特别是要像酒店管理公司一样,拥有能够激发员工积极性和潜能,持续不断地培养、吸收新人才,建立优质的后备人才储蓄库,拥有完善的晋升制度,在工作中实现优胜劣汰,以确保队伍的整体水平。

标准 3. 完备的 ISO 标准管理体系

如果说优秀管理团队是公司的身躯,那么 ISO 标准管理体系就是这个身躯的灵魂。拥有了这个灵魂,整个躯体才得到了生命和活力。ISO 标准管理体系是支撑整个管理过程的重要命脉,它对于管理过程的规范性、专业性有着决定性的作用,确保了高尔夫球会的规范标准运作。

标准 4. 规范的团队执行力

管理重在执行,一支称得上优秀的管理团队,先决条件是一定要有标准如一的执行力,只有当 ISO 标准管理体系得到了规范执行，那么标准管理体系才可真正地发挥出其作用。任何只有标准而无人执行就只是一种形式，做管理就杜绝形式主义，否则一切标准都将没有意义。

标准 5. 不断创新的能力和可持续发展计划

市场不断改变，环境不断改变，影响着高尔夫球场经营的很多因素都会在时间的跨度和空间的跨度发生着变化，只有在保证基础稳定的前提下，不断变革创新，才能够为公司输入新鲜血液，才能够保障管理模式的新鲜氧气和空气。企业创新能力和其可持续发展计划是相辅相成的关系，公司有了创新能力，才能够保障其可持续地发展下去，不在竞争中被淘汰。

2. 加强高尔夫管理人才培训

高尔夫管理人才的培训包括如图 4-11 所示的五个方面。

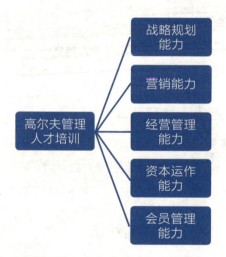

图4-11　高尔夫管理人才培训

培训 1. 战略规划能力

对于球会的高端管理人士而言，最重要、最关键的能力就是战略规划能力，即把握球会整体发展方向以及球会核心竞争力的能力。这个能力将直接影响球会的未来，是球会高层管理人员必须具备的基本素质。

培训 2. 营销能力

在中国高尔夫行业的独特背景下，营销将决定一个球会的生存现状。所以对于高尔夫顶级管理人士而言，考核评价的重点也就集中在营销能力，营销能力的高低将直接决定高尔夫人前景的宽窄。

培训 3. 经营管理能力

经营管理效率的低下已经成为困扰大多数高尔夫管理人的难题。如何提高经营管理效率，提升自身的经营管理能力，成为高尔夫管理人关注的焦点。

培训 4. 资本运作能力

球会作为一项高达亿元的巨额投资项目，投资回报成为股东以及经营者最为关注的问题。

培训 5. 会员管理能力

会员是高尔夫球会最重要的资源，是如何一个球会能否生存以及持续健康发展的关键核心因素。如何最大化地挖掘会员自身以及周围的资源是球会持续运营的关键，也是考核高尔夫管理层的核心要素。

3. 注重高尔夫俱乐部企业文化建设

高尔夫俱乐部企业文化建设应该包括如图 4-12 所示的三个层面。

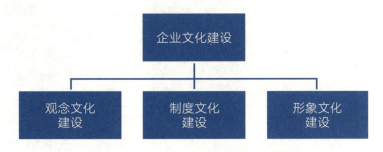

图4-12　高尔夫俱乐部企业文化建设

（1）观念文化建设

优秀的高尔夫俱乐部一定要有深厚的文化积淀，文化是俱乐部的伴生物，只有当企业文化渗透到俱乐部员工的内心，形成企业内部的伦理和一种企业内部大多数成员所共识的理念，员工真正明白俱乐部追求的价值标准，才能自觉维护俱乐部的根本利益。当这种文化渗透到俱乐部营销及营销相关人员的意识中，与其营销专业知识相结合，一定会产生意想不到的效果，为俱乐部带来源源不断的经济利益。要建立健全一套共同的核心价值观和经营理念，树立起共同的目标和理想，这是俱乐部企业文化的核心和灵魂。

（2）制度文化建设

制度文化是球会企业文化和球会发展的有力保证。营销管理制度一旦确定，企业就必须全力推动，做到"令行禁止"，严肃维护制度在整个团队中的权威性。制度本身不会发生作用，它只有在被执行时才会发生作用。通过对制度的推行，企业就能够引导营销团队的行为习惯，使其符合营销模式的要求，进而提升为企业文化，从根本上提高营销组织的执行力。制度不是为了约束员工，而是为了建立一种规范的有序的秩序和良好的行为习惯。制度必须成为使员工能进行开放式沟通的保障，否则这个制度就是失败的制度。制度文化必须成为塑造人性化企业文化的源泉。在一定程度上能容忍员工犯错误和失败，激发员工自主的行动和学习，加强对员工的智力投入，建立学习型组织。

（3）形象文化建设

俱乐部必须通过CI策划，建立一套识别系统，清晰地拥有自己的标识，自己的标准颜色、自己的服饰、自己的会旗等。形象文化必须准确地、完整地表达观念文化和制度文化。球会必须建立自己的形象文化，让人一目了然地识别、轻而易举地记住。

七、案例解读：辽宁铁岭龙山高尔夫俱乐部经营管理架构

铁岭龙山高尔夫俱乐部是 18 洞国际标准森林地冠军型球场，内有豪华会所、练习场、高尔夫学院、度假别墅等配套设施。龙山高尔夫球场占地 2000 亩，是目前东北最大的木球场，也是国内结合休闲度假、高尔夫运动较好的高尔夫球会之一。

该俱乐部球会管理组织架构如图 4-13 所示。

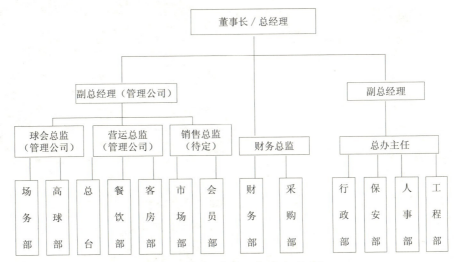

图4-13 球会管理组织架构图

1. 管理公司的职责

（1）副总经理

1）协助总经理完成球会管理工作、直接对管理公司和业主总经理负责；

2）制定分管部门的工作计划、实施步骤、分工协作、考核办法；

3）统领管理公司的人员、遵守各项制度、协调所属部门的配合；

4）代表管理公司和业主进行沟通、汇报工作，及时完成管理公司的服务内容和监督达标质量；

5）及时提交管理报告和答复解决业主方提出的问题、并积极定期举行双方交流会；

6）拥有人事、行政权力可以对所属部门进行裁决、报业主方备案；

7）完成其他临时交办事宜和参加管理公司项目研讨会。

（2）球会总监

1）主持开展所属部门的日常工作、向分管领导直接负责；

2）管理和培训草坪部和高球部的部门负责人、制订工作计划和实施细节、督促部门完成任务目标；

3）负责所属部门的配合和分工、制定规章制度、操作流程、岗位职责和考核管理；

4）及时回复解决业主方提出的球会问题，并提交管理报告；

5）组建部门队伍，培养和选拔优秀管理人才，建立营运机制；

6）配合其他部门的工作、积极促进各项活动开展；

7）完成临时交办的事宜。

（3）营运总监

1）主持开展所属部门的日常工作、向分管领导直接负责；

2）管理和培训总台、餐饮、客房的人员技能，制定工作计划、实施细节，督促部门完成任务目标；

3）负责所属部门的配合和分工、制定规章制度、操作流程、岗位职责和考核管理；

4）及时回复解决业主方提出的营运问题，并提交翔实和执行的管理报告；

5）组建部门队伍，培养和选拔优秀管理人才，建立营运机制；

6）配合其他部门的工作，积极促进各项活动的开展；

7）完成临时交办的事宜。

2. 主要部门的职能

（1）草坪部

1）制定草坪养护计划、机械保养方案、景观维护创新和花草培育计划、细化部门每周工作安排及各组工作计划；

2）负责拟订维护设备数量及规格和沙、药、化肥等物资筹备计划；

3）组建与培训各组人员，考评技术等级，合理分配工作，选拔基层管理干部；

4）负责监督工作实施和检查，日常工作的管理和人员的考核；

5）协调各组工作开展，处理部门内部纠纷，解决球场出现的养护问题，召开技术研讨会和部门例会；

6）负责控制成本，加强预算，开展技能竞赛等活动，负责防盗、防火等安全方面工作；

7）配合球会活动需要调整养护方案，完成临时交办任务，向上级负责。

（2）高球部

1）制定管理制度，安排球童出场顺序，拟订工作计划，细化接待流程，明确岗位职责，人员考核；

2）统计球童出场场次和球员下场人次，登记各类球场消费，反馈客人信息；

3）组建和培训高球运作人员，评定球童等级，选拔管理人才，提高业务和服务礼仪水准；

4）协调内部配合，解决突发事件，控制场下秩序，安排开球时间和比赛细节流程，负责成绩统计和记分卡的收发；

5）负责控制成本、加强预算，开展技能竞赛等活动，负责防盗、防火等安全方面工作；

6）配合其他部门提供协助、保障球场打球安全，阻止其他人员、车辆、动物的侵袭；

7）完成临时交办任务、向上级负责。

（3）餐饮部

1）负责球会的餐饮工作计划的制定，作息时间的安排，服务标准和规章制度的制定；

2）组建和培训部门人员，编制部门架构，进行专业培训，制定流程，达到球会餐饮的要求；

3）负责了解球会客户餐饮消费习惯，丰富餐饮品种，突出韩餐风味并开展餐饮销售；

4）配合球会赛事活动举办颁奖宴会，增加接待容量和提高出菜效率，同时为商务会议提供会场服务，如会场服务、场歇服务等；

5）经营管理咖啡吧、中途卖店、餐厅的预约、开单、识别客户身份提供差异化服务；

6）负责控制成本，加强预算，开展技能竞赛等活动，负责防盗、防火等安全方面工作。

（4）客房部

1）负责制定部门的规章制度、工作计划、操作流程、实施步骤、管理监督、任务分配；

2）负责球会会所环境清洁、客房清洁打扫、客房服务、客房查房；

3）负责球会的洗衣服务、工作服的保管和洗涤、球会地毯铺收工作，协助其他部门做好配套工作；

4）组建和培训部门人员、组织架构管理、做房培训、制定标准、人员考核、纪律过失处分；

5）联络沟通送餐服务、工程维修服务等专业客房服务，制定 VIP 或会员特色服务；

6）负管理球会的更衣室服务、桑拿按摩服务，负责控制成本，加强预算，开展技能竞赛等活动、负责防盗、防火等安全方面工作。

（5）总台

1）负责预约、登记、开单、接待、收银的程序和环节，制定服务制度，掌握总台的销售价格体系，设立监督部门或负责人；

2）负责信息通报和传达，向出发台、餐饮、客房、领导传送信息，制定房态表、来宾登记表、交班表、遗物认领表等表格；

3）组建与培训各组人员、考评技术等级，合理分配工作，选拔基层管理干部；

4）安排作息时间、统计数据、操作各类结算、建立账目清单；

5）配合球会活动、完成临时交办任务、向上级负责。

由于高尔夫球会的运作中主要以高尔夫为主题、其他部门的运作就是保障球会的整体营运、部门设置根据用途和人员储备的情况来确定、其功能不在此叙述。

3. 草坪部管理

草坪部管理主要人员如图 4-14 所示。

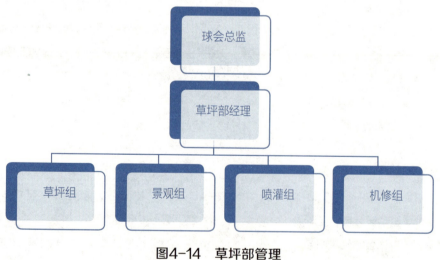

图4-14　草坪部管理

（1）主要岗位职责

1）草坪组

主要负责球场区域的果岭、梯台、球道及长草区的修剪和清洁维护，负责病虫害的预防和诊治，负责施肥计划和防治计划的实施，带领临时工清除杂草和球场抛落物，开展日常的维护和养护措施的实施计划如铺沙、打孔、坪床等，检测球道排水状况并开设新的管道或阴井，制定管理制度和人员分工，协助其他组别，完成经理临时交办的事情。

2）景观组

负责景观的维护，根据球场美化的需要制定增修景观的计划，负责树、花、桥、湖等景物的清洁和保护，并预防病虫害与诊治，制定日常的维护计划，负责各种景观植被的修剪和造型，因地制宜种植苗圃、花圃，保护球场的标牌、指示牌、球道示意牌完整和清洁，制定管理制度和人员分工，协助其他组别，完成经理临时交办的事情等。

3）喷灌组

负责球场的给水工作，制定浇水计划，定期检修分控箱及电磁阀，保障管道的畅通，疏导球场的积水，监控各类设备的运营状况，制定管理制度和人员分工，协助其他组别，完成经理临时交办的事情等。

4）机修组

保养和维修球场机械设备，协助高球部维修和保养球车及观光车，拟订配件的储备和采购的规格，制定各类机械的操作流程和注意事项，学习进口设备的操作和传授，协助其他组别，完成经理临时交办的事情等。

（2）管理范围与内容

1）人事权

人员任职资格规定、人员的培训、人员等级考核、人员的编制、人员的解聘或调动、人员的请假批准和奖励处罚。

2）行政权

工作安排、岗位分配、组织管理、对外联络、任务绩效考核等。

3）技术管理

对各个工种的技术培训，业务操作的流程规定和合格验收的标准制定，界定技术涉及

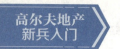

的实施时间、方式、用量、人员，理论与具体结合的运作，制定养护的方案。

4）机械物料管理

主要为机械的型号、产地、性能、售后服务及价格的对比与选择，养护设备的数量，设备保养的规定，还有沙子、肥料、农药各种物料的建议和选择。

5）预算和评估管理

主要就每月的养护进行成本控制和费用预算，开展自主生产如草坪培育区、花圃基地、大棚绿色等解决球会部分需要，对各项方案进行评估，监控与及时调整实施步骤，提高效率。

6）建议和报告管理

在经营管理过程中涉及可选择或多种方法以及需要业主调节的事宜，管理公司将以建议或报告的形式向业主说明，来判断选择。另外还有目标管理，绩效管理、质量管理，协作管理等。

（3）养护管理的评估

按照球场营运的要求以及气候、草的生理、植草及坪床的质量等条件综合来确定对各项养护达到的标准予以评估。

1）果岭养护

果岭草的密度和均匀度与植草、坪床的关系十分密切，通过不断地打空、铺沙、镇压的等手法来提高其均匀度，采取手工种植增加密度。果岭的草的硬度与修剪和气候有着明显的关系，使用修剪和施肥来逐渐增加其适当的硬度。投入营运中果岭的高度一般在 3～5mm 之间，果岭裙（环）在 5～8mm 之间。

2）球道养护

球道广义为梯台、球道区、长草区、当然包括果岭，前期设计建设很重要地决定了球道的挑战性、趣味性和专业性，养护体现了击打的难度、精准与球的位置好坏和环境的美坏。草生长的茂盛、健康及绿色浓浓，即需要气候条件、生理特性的客观条件，也需要植草、坪床、施肥、修剪等措施来养护，一般球道中心区草的高度为 10～15mm，梯台草的高度为 8～12mm，长草区草的高度 15～20mm。

3）球场的喷灌和排水

此涉及球场给水和泄水，都是关系到球场草坪生长的水分，对于水分的多少视温度、湿度来界定，喷灌给不到的区域如路边、景观内的草等就要采取人工给水，在球场中出现积水

04 高尔夫球场运营管理

或流水不畅就要给予增铺管道或阴井，陈/中雨水过后，半个小时球场达到无积水，可正常开球。

4）其他维护

景观维护、设备维护、沙坑整理、球场清洁等都要开展细致的可行工作，制定方案和实行计划，增强提前预防措施，达到预期的效果，其在实际的管理中按计划阶段实施执行。

4. 高球部的管理

高球部管理的主要人员如图4-15所示。

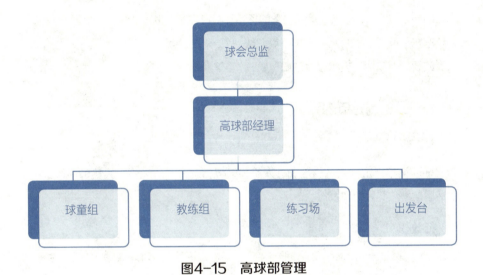

图4-15　高球部管理

（1）部门主要岗位职责

1）球童组

负责球童的培训，包括企业介绍、高球知识、高球规则、专业英语、对客服务、外语、礼仪礼貌等，安排球童的出场顺序，迎宾值班，卫生环境、球车球杆球鞋的保养和清洗，管理作息考勤，出场次数校对，培养管理人才，训练实际服务经验，增加实践课程，协助练习场服务，配合比赛竞技，成绩确认，球包存储与认领，消费确认等。

2）教练组

负责推广高尔夫球的运动，讲述高球礼节与发展；负责教客人练习挥杆，传授答球技巧和方法；应客人邀请陪同客人下场打球，并传授场下规则；配合练习场作好服务、卫生工

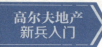

作，必要协助比赛担当裁判或巡场等职能。

3）练习场

负责场内的安全、卫生、对客服务；提供租赁和运送服务以及茶水、毛巾的相关服务；负责练习球的供应、清洗、清点、回收工作，担负着球杆的保养和临时寄存的看管；负责消费单的登记和确认，肩负着练习场的日常管理，制定规章制度，人员考核等职能。

4）出发台

主要负责球员的出发安排，安排开球时间、梯台、打球场次；负责确认预订者开球时间、姓名、客户身份、同组人数等信息，负责登记击球场次，租赁情况，安排球童，是否需要租赁或陪走的要求，提供记分卡、笔或比赛的标牌；制定规章制度，了解场下情况与巡场沟通，负责打球的账单解释、配合比赛竞技等等职能。另外根据各组的情况确定巡场的管理，存包室、仓库的管理，车辆充电和管理的归属管理。

（2）管理范围与内容

1）人事权

人员任职资格规定、人员的培训、人员等级考核、人员的编制、人员的解聘或调动、人员的请假批准和奖励处罚。

2）行政权

工作安排、岗位分配、组织管理、服务管理、宿舍生活管理、对外联络、任务绩效考核等。

3）竞技管理

能够接待各类赛事，如会员月例赛、邀请赛、对抗赛等策划、实施、统计，掌握比杆赛、比洞赛、四人两球赛、四人四球赛比赛的规则和成绩统计，制定比赛流程和比赛的当地规则，明确赛事运作的协调与配合，差点的计算和球场记录的备案等。

4）服务管理

制定服务的标准和内容，提高服务的专业水准和特殊服务的技能，规范各岗点的营运流程。服务管理包括迎宾服务、出发台服务、球童服务、巡场服务、球车服务、转场服务、比赛服务等等。

5）机械物料管理

主要为球车的型号、产地、性能、售后服务及价格的对比与选择，出租设备的数量、设备保养的规定、拖车的款式、球童配备的工具如沙铲、沙袋、毛巾、TEEMARK等的用量、以及出发的成绩卡、书写笔、球场特色的球车冰箱、扶手、踏板等。

6）建议和报告管理

在经营管理过程中涉及可选择或多种方法以及需要业主调节的事宜，管理公司将以建议或报告的形式向业主说明、来判断选择。另外还有目标管理、绩效管理、质量管理、协作管理、等级管理等。

（3）预算原则与管理效果评估

预算原则：为了有效开展球会运作，控制成本，提高效益，就各项设施的使用和易消耗品的投入，必须采取原则，预算包括管理费用、奖励奖金、设备折旧、办公消耗、客用品发放等环节根据客流量计算每月的开支。

管理效果评估

1）赛事承办

通过培训和赛事操作，建立一套属于球会运作特点的赛事流程，从比赛策划、比赛宣传、赛事赞助、参赛人员召集、赛事形式、赛事裁判和实施、成绩统计、颁奖宴会、住宿登记、费用收取、新闻报道等，逐渐提高赛事的规模和等级。参与球场 USA 评定，提供会员差点服务等。

2）打球安排

通过理论结合实际的运作，迅速提高实战服务技能，建立通畅的流程和环节的监控，提升正常打球接待的效率，有效地控制场地推进的节奏，并提供专业的球童服务和温馨的出发安排。能够顺利安排最大容量的打球人数，流畅地安排开球时间，以及天气变化的应变安排，制定会员或贵宾服务的规格和服务标准等。

3）练习场操作

练习场能够独立地进行接待，有条不紊地服务多打位的客人，从容推荐练习场球证，可以开展不同层次的培训和开设不同级别的课程，有规范的规章制度和练习场须知，提供会员的特色服务，制定设备管理和人员管理的程序和考核等等。

4）服务效果

通过管理的手法，来达到满意的服务，既要注重人员的基础素质，又要关注其专业水准的高低，从服务的质量上逐渐形成品牌，提升服务形象，尤其张显会员的服务质量和等级，并学会处理服务过程中的出现问题，扬长避短，完善不足，达到标准服务与个性服务结合的特色服务。另外还有车辆驾驶技术、打球水平、阳光服务、细节服务等来促进高球运作部提高。

5. 营运管理

营运管理架构如图 4-16 所示。

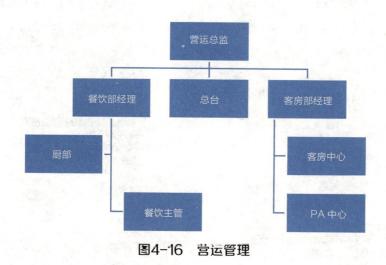

图4-16　营运管理

（1）主要岗位职责

1）厨部

负责菜肴的安全干净卫生，绿色环保；负责食品的出品及品种的丰富；负责餐厅菜肴和员工食堂的饭菜调制；负责安全预防工作及后堂日常管理；负责研制新的菜肴和根据会员的口味推出高尔夫快餐，提高出品的效率和质量。

2）餐饮主管

负责餐厅的服务和服务员的培训，负责点菜、传菜、后堂下单，送餐服务，负责登记费用，收集客人对餐饮意见和处理用餐的投诉，担负承办各种宴会如会议宴会、比赛颁奖宴会等，负责制定规章制度和部门岗位职责，配合其他部门及时完成上级交办的事宜等。

3）客房中心

负责客房的整理和房间的清洁，提供客房服务，如洗衣服务、棋牌服务、设施的使用指导等，客房设施的检查和开房与退房的服务，将房态及时报总台，制定培训计划和管理制度，负责日常管理等。

4）PA中心

负责球会更衣室环境卫生的清洁，会所地面、扶手、玻璃等的清洗，负责卫生间、客

04 高尔夫球场运营管理

区烟灰缸及垃圾箱的更换和清洗，负责客房楼面的清洗，制定工作计划、设备保养方案，配合其他部门的活动等。

（2）管理范围与内容

1）人事权

人员任职资格规定、人员的培训、人员等级考核、人员的编制、人员的解聘或调动、人员的请假批准和奖励处罚。

2）行政权

工作安排、岗位分配、组织管理、服务管理、宿舍生活管理、对外联络、任务绩效考核等。

3）服务管理

制定服务的标准和内容、提高服务的专业水准和特殊服务的技能、规范各岗点的营运流程 提供会员的特色服务、餐厅的大厅、包厢、咖啡吧、客房的服务规范等。

4）物料管理

主要为食品保鲜与储存、餐厅的餐具及设备的保养、各种酒水及饮料保管和展示柜台的维护、餐车及送餐车的使用和保管、控制报损率、客房的设施的维护、客用品的使用和检查等。

5）建议和报告管理

在经营管理过程中涉及可选择或多种方法以及需要业主调节的事宜，管理公司将以建议或报告的形式向业主说明、来判断选择。另外还有目标管理、绩效管理、质量管理、协作管理、职能化管理等。

（3）流程与监督

1）流程

主要为各组别的工作程序和执行步骤，通过球会资源的特点制定符合运作的流程，不拘固有的模式或体系。流程中的方案、人员、方式、时间、场所、工具等是重要的组成因素，在体系中予以穿插进行，流程是方案的细化和途径。

2）监督

监督是保障方案执行的效果，及时发现执行的偏差，引导方案继续落实，同时也为方案的改进提供有效的说明。

新手知识总结与自我测验

总分：100 分

第一题：高尔夫球场的同质化经营有哪些表现？（15 分）

_____
_____
_____

第二题：如何用差别定价法提高高尔夫球场的收益？（15 分）

_____
_____
_____

第三题：优秀高尔夫管理公司必须具备哪几个标准？（25 分）

_____
_____
_____

思考题：传统的高尔夫俱乐部经营管理模式有哪些特点？怎样才能做到可持续发展的创新模式？（45 分）

_____
_____
_____

得分：　　　　　　　　　　　签名：

高尔夫地产营销策略

操作程序

一、高尔夫营销的八个误区
二、高尔夫营销体系梳理
三、高尔夫地产综合资源整合
四、利用综合资源做跨界营销
五、案例解读：观澜湖高尔夫球会综合资源的价值分析

本章使用指南

高尔夫地产的优势在于拥有其他普通地产所不具备的各种综合性资源，高尔夫地产的经营重在对各种资源进行深层次整合。我国部分高尔夫地产项目由于不懂营销，对各种综合资源配置不合理，导致高尔夫地产的营销陷入误区。本章重新对高尔夫的营销体系进行梳理，分析高尔夫地产综合资源的价值，提出利用综合资源做跨界营销的尝试。

一、高尔夫营销的八个误区

高尔夫营销是一项讲求整体运作而且是长期持续的工作，部分高尔夫地产的投资商急功近利，只注重表面功夫，未能理解到高尔夫营销的真正内涵，从而使高尔夫的营销工作陷入一些误区，从而影响到整体的运作（图5-1）。

营销战术	• 注重活动策划忽视模式提炼
营销职能	• 注重销售工作忽视市场推广
营销传播	• 注重广告宣传忽视品牌培育
营销模式	• 注重产品推销忽视观念推广
营销方式	• 注重功能诉求忽视体验营销
营销队伍	• 注重个人能量忽视团队力量
营销角色	• 注重销售员角色忽视顾问式角色
综合资源	• 综合资源配置不合理

图5-1 高尔夫营销存在八个误区

误区 1. 营销战术上注重活动策划忽视模式提炼

很多高尔夫球会其实都是只注重战术层面上下功夫，没有办法把一个业务人员的成功，转化为所有业务人员的成功；把一个推广活动的成功，转化为固定的、长期的、有效的、成功的活动营销模式，不能产生规模经济效益。有时球会虽然找到了营销模式，但是没有对其进行很好的提炼和完善，营销模式会随着时间的变化而变化，随着环境的变化而变化，时过境迁而失效。

问题 1. 球会市场做不大

有的球会市场总是做不大，在一个小小的区域内，仅靠单一产品，没有形成自己独有的竞争优势。政策与制度朝令夕改，东一榔头，西一棒子。下面的人无所适从，没有自己的经营之道和营销模式。凭借着"东拼西凑"的一些"江湖方法"挣扎在竞争僵局中，甚至连维系生存都困难。

05　高尔夫地产营销策略

> **案例链接**
>
> 高尔夫球产业普遍重视扫街式的、人海战术式的营销，即使是策划一些营销活动也是功利性很强，目的性很强，注重眼前和局部的利益，往往活动没有整体性和连续性，效果并不佳。不重视渠道建设，更不重视营销模式的探讨与提炼，不能形成具有自己特色的、行之有效的营销模式。在营销手段上也有点像快速消费品或家电等商品一样，靠打价格战，营销人员在销售过程中总是把价格放在首位，靠价格去诱惑人，而不是注重球会的服务、社交、尊重等附加价值的提升与宣传，使得营销处于一种被动的恶性循环。业务人员就像无头的苍蝇，没娘的孩子，没有方向感、没有目标感、没有归宿感。

问题2. 营销队伍过于庞大臃肿

有的球会市场虽然做大了，营销队伍也随之庞大臃肿起来；造成信息无法有效的沟通，重复与客户沟通；抢单现象严重；人心涣散，人才大量流失；对外的销售政策口径不一致；管理失去控制。表面上销量增大了，成本却急剧上升，利润却反而下来了。老板很恼火，营销人员很失望。

误区2. 营销职能上注重销售工作忽视市场推广

高尔夫高层管理者普遍重视销售工作，而忽视市场推广工作。一线销售人员大都注重售前售中的服务与沟通，等消费者一旦入会后就开始冷淡，不能够注重售后的跟踪服务，使得会员怨声载道。这些又会直接影响到他们身边的朋友和潜在的客户，使得营销工作越做越被动、越做越难。

问题1. 将市场推广和产品销售混为一谈

将市场推广和产品销售混为一谈或者将两者对立起来的观点都是一种错误观点与行为，是一种忽视球会长远发展的行为。这种错误观点与行为导致球会不做市场推广、只做产品销售。结果会是：球会在一轮一轮的竞争中被清洗出局。

也有球会虽然短期内可能会取得一定的、辉煌的销售业绩，但不久就会烟消云散。不做市场推广、只做销量的辉煌是短暂的辉煌。只有靠市场推广建立起来的高球品牌积累，稳步发展的市场才能获得巨大的持续的成功。

问题 2. 忽视市场推广和产品销售两者之间的区别

也有很多球会，虽然成立了市场部，却忽略了市场推广和产品销售两者之间的区别，并没有合理划分市场部和销售部之间的职能。在很多大球会中，市场推广和产品销售并不是携手并进，而是互相推诿、埋怨。

误区 3. 营销传播上注重广告宣传忽视品牌培育

高尔夫行业普遍重视广告宣传的投入，不重视品牌的规划、品牌的培育，造成没有良好的品牌形象，或者说品牌形象非常混乱。

高尔夫球营销人往往把广告宣传等同于品牌建设，广告宣传与品牌建设确有一定的联系，广告宣传是品牌建设的方法之一、但不是唯一，是必要、但不是充分条件。仅仅靠广告宣传是不够的，广告宣传必须在品牌战略的正确引导下才会事半功倍，否则就事倍功半。

误区 4. 营销模式注重产品推销忽视观念推广

中国高尔夫教育的不足、高尔夫在中国产生的特殊背景使得高尔夫文化和理念没有在中国得到很好的传播。致使中国高尔夫产业缺乏高尔夫文化和理念。这个因素导致的结果就是，目前中国高尔夫球消费者不是本着对高尔夫文化的向往去消费高尔夫，而是为了显示自己的身份和地位，认为消费高尔夫是一种身份的象征。

高消费的奢侈行业，要靠观念来引导做品牌推广，如果没有观念就是有再多钱也不会引来消费者，有了观念才能够形成消费力。高尔夫行业的高层人士及营销人员只是简单迎合了消费者的心理，没有很好地去引导和教育。高尔夫行业的高层人士及营销人员普遍重视单个产品的推销，而忽视新观念，新生活方式的引导与推广，使得营销工作很吃力，效果不好。

误区 5. 营销方式上注重功能诉求忽视体验营销

高尔夫行业在营销方式上普遍存在：重视对产品功能的宣传，对球会硬件设施的宣传，重视靠销售人员去说服，而忽视引导让顾客、潜在消费者自己进行体验，普遍缺乏体验式营销的观念与运用技巧。不是让顾客亲身体验后，发自内心的需要后购买产品，而是靠售销人员的死磨烂缠，很多情况下顾客是出于无奈或者很不情愿的情况之下才购买产品和消费的。这样的销售是不能形成连续的、良性循环的、具有辐射力的消费力，更不能形成具有竞争力的营销模式。

误区 6. 营销队伍上注重个人能量忽视团队力量

高尔夫是一项高尚的休闲运动,它的营销有其独特性,面对的是一个高素质、高收入的富人群体,高球营销中的"个人英雄主义"是死路一条。

高尔夫行业在营销队伍建设上,普遍重视个人能力的发挥,无论是在奖励制度上还是在文化建设和组织设计上,都侧重个人业绩与能力的提升,而忽视了团队的建设,最终出现了抢单、互相埋怨,互相诋毁,资源不能共享,能力不能互补,形不成合力和凝聚力,造成"人才流失,庸才窝里斗"的情景,对营销业绩不能起到很好的作用,对球会发展也十分不利。

误区 7. 营销角色上注重销售员角色忽视顾问式角色

高尔夫营销人员在角色定位上普遍把自己定位成一个推销员,只会推销产品,而不具备一定的综合素质。高层管理人士也只看重销售人员的业绩,不注重销售人员素质的培养与提高。以结果为导向,业务人员也就只注重销售业绩和推销技巧,不能把自己培养成一个高尔夫行业的内行、专家,不能为顾客提供顾问式的服务。因为角色定位的错误,使得高球营销工作还停留在比较落后和原始的层面。

误区 8. 综合资源配置不合理

高尔夫地产包括球场自身的景观资源,球会的品牌资源、商务资源、客户资源以及项目的社区资源等多种综合性资源。然而,在实际的开发过程中,存在着各种综合资源配置不合理的现象,导致未能将高尔夫地产的开发价值最大化(图5-2)。

图5-2　高尔夫综合资源配置不合理的四种现象

表现 1. 高尔夫综合资源与房地产结合不合理

中国经济良性发展的势头强劲，高尔夫运动在中国的普及速度也明显加快，但除了少数项目，中国大部分高尔夫球会经营惨淡，80% 的高尔夫球场都面临亏损。无法吸引人流，知名度不高，养护经营成本远高于营业收入，同时球场的亏损也会传导到高尔夫房地产项目上来，导致高尔夫楼盘销售艰难，酒店入住率偏低，商业人流不足。巨额亏损会迫使开发商大规模开发别墅项目以求缓解这种局面。但大规模修建住宅又会影响高尔夫球场的专业性和吸引力，最后陷入恶性循环。

表现 2. 利用高尔夫综合资源不合理

高尔夫房地产不是简单的高尔夫加房地产，它是一个价值链，二者间是相辅相成的。高尔夫综合资源对整体项目有提升价值的作用，近年来高尔夫房地产项目的火热，许多盲目的投资开发商进入高尔夫房地产领域，导致高尔夫房地产项目的整体水平参差不齐。

1）不合理地将高尔夫练习场置于项目周边

某些品质低劣的高尔夫房地产项目，由于前期规划的不合理，甚至没有规划。在开发中期试图利用高尔夫综合资源来提升项目价格而不合理地插高尔夫练习场于项目周边，引起安全隐患。此类高尔夫资源不仅不能提升项目的价值，反而造成与业主的纠纷，产生不良的影响。

2）冠以"高尔夫"的标签大多名不副实

有的开发商只关注别墅的销售情况，把高尔夫球场的建设当作提升整个房地产项目的溢价空间的工具。所以很多楼盘，甚至与高尔夫无关的楼盘都冠以"高尔夫"的标签，其中有很多都名不副实。

表现 3. 高尔夫景观资源利用不合理

如今更多的置业者强调住宅的景观环境，关注居住的绿色与健康，而高尔夫球场景观层次多，地形的起伏变化和自然山水的依托共同构筑了最佳的景观资源。很多开发商抓住了这种绿色需求，大力宣传高尔夫景观，造成球场与别墅规划脱节，影响球场的竞争性。

表现 4. 高尔夫房地产价格与价值关系不合理

行业资料显示，国内十八洞球场的投资成本平均为 1.53 亿元，加上场地建设费、会馆建设费、球场维修费等约需 3 亿元，想要靠球场经营获得利润极为困难，因此开发商都热衷于地产项目。由于房地产近几年发展势头强劲，国家政策稍有支持时，有些开发商就迫不

05 高尔夫地产营销策略

及待的涨价，这些功利的行为都是不符合市场规律的，造成了高尔夫房地产价格与价值的背离。豪宅别墅市场与普通住宅市场相比所受到的冲击和压力不同，普通住宅市场在于性价比的高低，而豪宅别墅市场在于项目的稀缺性、项目资源的占有性。同时，高尔夫房地产项目的价值与价格的规律是并行的，经过判断客户还是会理智采取购买行为。

二、高尔夫营销体系梳理

任何营销活动都不是独立存在的，而是依赖于一个体系，以一系列的活动循序渐进地开展。整合高尔夫各种资源，构建完整的营销体系，是高尔夫营销活动的基本框架，同时也是高尔夫营销的基础（图5-3）。

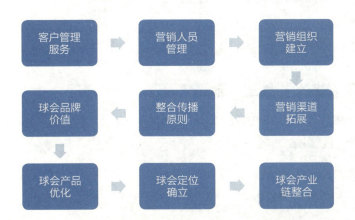

图5-3 构建高尔夫营销体系九大关键

1. 建立客户管理服务体系

从客户开发、数据库建设阶段开始，到客户管理体系的战略制定，再到具体的客户管理战略策略的实施阶段，从分析到战略规划到战略实施，从组织调整到具体的客户管理服务措施，从客户开发到客户维护等各个环节全面构建客户管理服务体系（图5-4）。通过建立或者改善客户管理服务体系提高客户满意度以及忠诚度；通过对客户的分类管理提高球会的运营效率以及效益；建立以客户管理服务为核心的组织运营平台保证整个客户管理体系的有效运行。

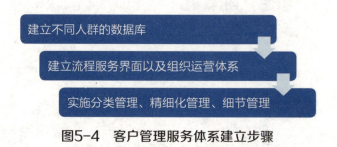

图5-4　客户管理服务体系建立步骤

步骤1. 建立不同消费人群的数据库

客户分析阶段以及数据库阶段主要是了解不同客户的特征以及需求，建立不同人群的数据库为后期的分类以及精细化管理提供支撑。

步骤2. 建立流程服务界面以及组织运营体系

客户管理战略制定阶段主要是为了从战略的角度建立客户管理的服务体系，建立流程服务界面以及组织运营的体系。

步骤3. 实施分类管理、精细化管理、细节管理

实施阶段则是在客户分析的基础上，在战略指导下具体调整组织制度体系，实施对客户的分类管理、精细化管理以及细节管理。

2. 建立营销人员管理体系

构建高尔夫球会的销售人员管理体系。从人才需求计划到招聘管理到培训提升到业绩评估、薪酬绩效等各个销售人员管理环节着手，全面构建球会销售人员管理体系。通过培训、激励等多种方式，促成销售人员从强行推销到顾问式销售的转变。

3. 建立营销组织体系

从组织架构、组织职能以及组织流程三个纬度出发调整销售组织，从组织上给销售提

供更多的支持，实现销售行为从单兵作战到集团作战的改变。建立有效的销售组织、保障销售业绩并且有效的管理销售组织，不断地提高销售组织的能力，保证整个营销组织对销售的支持。同时，在调整组织规划的基础上，要坚持组织的专业化经营、注重对销售的支持以及以客户满意度为核心的四大调整原则（图5-5）。

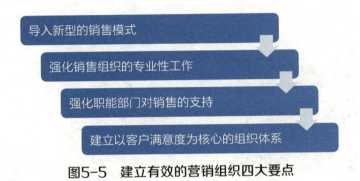

图5-5　建立有效的营销组织四大要点

（1）导入新型的销售模式

由高尔夫行业传统的单兵作战模式转变到集团作战模式，由传统的强行推销转变到顾问式销售模式。从根本上避免了原有的传统模式增加球会运营风险、降低品牌价值以及影响会籍销售等弊端。

（2）强化销售组织的专业性工作

强化销售组织的专业化分工，构建专业的职能团队负责市场、行政、人事等方面的专业性工作，解放销售人员，增强后台运营能力，为销售人员提供有力的武器和工具。

（3）强化职能部门对销售的支持

职能部门帮助销售人员更好地接近有效的潜在客户群体，让销售人员掌握更多的有效客源信息，或者帮助销售人员甄选有效的客源信息，或者帮助新的销售人员得到更多的客源信息等。

（4）建立以客户满意度为核心的组织体系

所有的职能部门以及后台支持部门都以满足客户满意度为核心。

4. 建立营销拓展渠道

主要在于能对单一的销售渠道做出突破，拓展渠道的深度广度以获得更多的会员和会籍销售，从地域拓展上创新拓展，吸引更多的人群加入，同时在终端上深入目标消费人群的生活，获得更多客户的认知（图5-6）。

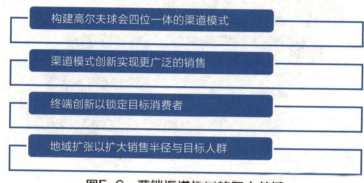

图5-6　营销渠道拓展的四大关键

（1）构建高尔夫球会四位一体的渠道模式

构建高尔夫球会四位一体的渠道模式，拓宽高尔夫球会的会籍销售方式，保证球场的会籍销售。建立人员直销渠道体系、拓销圈渠道体系、球友会渠道体系以及代理渠道体系。从根本上突破目前高尔夫行业的人员直销或纯粹代理制的单一渠道模式，从渠道模式创新拓展、终端创新前移以及地域扩张三个纬度全面拓展高尔夫球会的渠道深度、广度，解决会籍销售的渠道宽度、广度、深度问题，拓展会籍销售渠道。

（2）渠道模式创新实现更广泛的销售

渠道模式创新是指在人员直销的单一渠道模式下引进"拓销圈"、"球友会"等全新的渠道模式，通过激发更多人的销售积极性以及滚雪球式的销售方式实现更广泛的销售。

拓销圈渠道体系通过激发关键人物周围的其他人员的销售积极性，形成一个多纬度的销售圈，促进会籍的多团体销售。

球友会渠道体系改变会籍销售的传统散点式销售方式，通过会员圈子的集群效应吸纳更多的人员加入球友会。

（3）终端创新以锁定目标消费者

终端创新是指建立高尔夫形象体验店，将高尔夫品牌宣传、运动体验、生活体验、时尚体验等从球场前移到目标消费者经常出没的场所，便于目标消费者了解高尔夫、喜欢高尔夫，促使他们成为球会会员。

（4）地域扩张以扩大销售半径与目标人群

地域扩张是通过系列产品、促销、宣传推广以及渠道模式，实现销售范围从1.5小时车程向1.5小时飞程的转变，扩大销售半径与目标人群。

5. 要有稳定的整合传播原则

整合传播必须是坚持用一个声音说话，风格和方式要保持稳定。根据不同的传播主题、不同的受众人群的需求特性以及媒体习惯，组合不同的宣传推广方式，整合分众大众、高空地面多种有效的宣传推广方式。所有的宣传推广方式都是传播一个主题——品牌核心价值。让传播充当高尔夫球会与目标消费人群的沟通桥梁与媒介，有效将品牌价值、品牌形象、品牌个性传递给目标消费人群，让目标消费人群认知、认可、喜爱、选择该高尔夫球会（图5-7）。

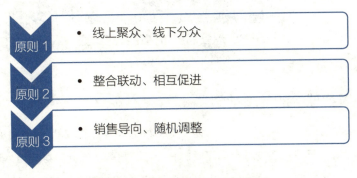

图5-7　整合传播的三个原则

原则1. 线上聚众、线下分众

线上的传播口径需要统一，用同一种声音说话，主要传播高尔夫球会和会籍产品的形象。线下的传播根据不同的销售或其他目的，制定相应的传播手段，以达到效果。

原则2. 整合联动、相互促进

保证每个环节的传播行动都应该是在一个整体的体系下进行的，互相促进，包括资源、媒体，专业术语等都必须保持同一，进行体系化的整合联动和传播。

原则3. 销售导向、随机调整

在传播过程中，资源侧重于销售导向的传播，传播配合到各个销售环节中，而具体的传播行动计划要根据销售的进程进行相应调整，以适应新的市场状况和需求。

6. 球会品牌价值

寻找球会独有品牌核心价值，建立与其他竞争球会具有差异性的并且消费者认可的品牌价值以及品牌价值支撑点。寻找与品牌价值相匹配的品牌个性、形象、行为、标准等，搭建球会品牌管理体系、球会品牌可持续品牌延伸体系，寻找球会品牌传播的指导方式与主核思想（图5-8）。

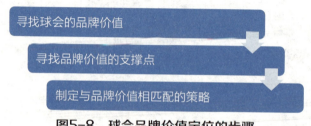

图5-8　球会品牌价值定位的步骤

（1）寻找球会的品牌价值

高尔夫球会的品牌需要有"魂"与品牌"魂实"两大关键因素。品牌价值要从选取价值，即选取品牌"魂"开始，通过对宏观环境、消费者、竞争、球会自身战略、球会自身产品以及球会品牌传播的洞察分析，寻找出球会品牌独有的最能反映球会品牌特性的品牌价值。

（2）寻找品牌价值的支撑点

在找到选取品牌"魂"之后，通过价值战略、产品价值以及品牌附加值找到品牌"魂实"，即可以支撑品牌价值的价值支撑点。

（3）制定与品牌价值相匹配的策略

基于品牌价值以及品牌价值点去调整产品策略、价格策略以及渠道策略，使得这些策略与品牌价值相匹配。

7. 做球会的产品优化

高尔夫球会产品优化关键在于规划有竞争性、差异性、溢价能力以及市场潜力的产品；组合不同的产品实现资源的有限利用；构建合理的产品结构保证不同产品的协调发展；制定不同产品价格以实现产品的均衡发展（图5-9）。

图5-9　高尔夫球会产品优化四大关键点

关键点1. 高尔夫球会需要有完整产品

高尔夫球场的产品是一个复合产品结构，对中国目前大多数会员制高尔夫球场而言，球场的产品有两大层次，分别是外化产品与内在产品。

内在产品是由球场本身的各种设计硬件、配套设施以及增值服务共同组成的，是会籍产品的根基与依托。

外化产品也就是会籍产品，是由内在产品构成的，会籍只是内在产品的一个外在表现与延伸。

其他增值产品如各种商务论坛、沙龙等。

关键点2. 高尔夫产品需要有完整价值

通过对高尔夫人群的深入分析与调研，发现现阶段高尔夫人群的需求更多是在专业运动需求之外的商务、身份、健康休闲的需求。结合对人群的洞察，突破高尔夫行业传统的价值提供，在基础高尔夫价值服务包（也就是打球运动价值包）基础上提供附加服务，通过系列的服务提供满足消费者最为重视的商务交际需求、身份荣耀需求、爱好专业需求以及健康休闲需求。增加团体（圈子）价值服务包，满足人群对圈子的需求，构筑高尔夫完整产品价值。

关键点 3. 高尔夫产品能做到 5P 完美组合

构建从形象产品到核心产品,到竞争产品,到闲时产品,到特殊产品的、完善的产品组合(图 5-10)。

图5-10　高尔夫5P产品组合

1)形象产品:树立球会品牌

形象产品是高尔夫球场最高端的产品,不是以销售为目标,而是以树立高尔夫球场荣耀至尊高端的形象服务。

2)核心产品:球场核心竞争力的体现

核心产品是高尔夫球场核心竞争力的体现,是高尔夫球场附加价值的体现,主要依托高尔夫附加价值的提供建立球场产品的核心竞争能力以及与其他球场的核心差异,是高利润、高增值产品。

3)竞争产品:以一般的服务,优惠的价格应对竞争

竞争产品是为了应对竞争对手的竞争,以及满足对价格敏感人群的需求,主要提供基础的高尔夫价值(打球价值),通过减少附加价值的提供降低成本降低产品价格。

4)闲时产品:充分利用球会的非周末空闲时间,平衡球场资源

闲时产品是非周末产品,提供的仅仅是在非周末的服务,充分利用球场的闲时资源,和其他产品采用分时段经营的策略,用低价吸引消费人群。

5)特殊产品:针对团体(圈子)需求开发的球友会等产品

特殊产品即球友会产品。主要满足消费人群对团体(圈子)的价值需求,通过组建球友会,发行球友会产品建立忠诚、吸引更多人群加入。

关键点 4. 开发双服务价值的产品结构

结合高尔夫基础服务包(也就是打球时间、附属卡数量、嘉宾数量等)中的基础性的产品服务以及附加价值包中的其他价值(也就是身份价值包、商务交际价值包等)设计不同的产品结构。既要避免产品结构单一带来的资源浪费,也要避免产品结构混乱带来的销售影响。合理平衡球场资源以及客户需求,开发产品结构。

8. 选择出最具有竞争优势的球会定位

解决高尔夫球会的定位问题,关键在于寻找球场与其他球场相对比最具差异性、最具竞争优势、最具市场潜力的定位,解决目前球场定位同质化、价格竞争激烈的问题。

从不同类型的消费者的分析选择入手,然后深入分析不同类型人群的不同的消费需求(主要有八大需求),再根据球会自身的资源能力状况,结合对竞争对手的比较分析,选择出最具有竞争优势的、最具有市场潜力空间的、独特的、有差异性的球会定位(表 5-1)。

● **做高尔夫球会定位的分析指标**　　　　　　　　　　　　　　　　　表 5-1

1	消费人群分析以及具体需求分析
2	竞争球场优劣势及核心竞争能力分析
3	球场自身优劣势及核心竞争能力分析
4	球场定位,包括目标人群定位、产品价格定位、品牌定位等
5	球会市场前景与潜力分析
6	球场设计的核心概念规划
7	球场会所及配套设施的识别规划
8	球会品牌与推广策略规划
9	会籍产品的目标人群定位

9. 从产业链的角度整合球会

依托高尔夫球场整合其他相关产业资源（包括高尔夫用品、旅游、赛事等核心行业以及奢侈品行业），以高尔夫球场为核心，整合与高尔夫球场密切相关的核心产业，包括高尔夫旅游、高尔夫地产、高尔夫用品、高尔夫赛事等，实现大高尔夫产业的发展。

利用高尔夫球场聚集富人人群的特征，整合球场的富人资源，与其他奢侈品行业整合，如汽车、钟表、珠宝、红酒等，将高尔夫球场打造成一个富人生活平台。

> **案例链接**
>
> 高尔夫核心产业主要是指与高尔夫球场密切相关的行业，包括高尔夫用品行业（球杆、球具、球服等）、高尔夫旅游、高尔夫地产、高尔夫赛事、高尔夫旅游、高尔夫培训等。
>
> 高尔夫相关产业主要是指依托高尔夫球场消费人群，以高收入人群为消费人群的其他产业，包括奢侈品行业（汽车、钟表、珠宝以及其他高端产品等）。

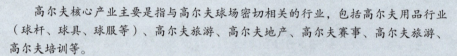
操作程序

三、高尔夫地产综合资源整合

不少开发商对高尔夫资源的利用仅理解为对景观资源的利用。而高尔夫作为一种综合性资源，包含了景观、商务、客户平台等更广阔的资源范围，只有全面、深入地挖掘了高尔夫综合资源才能"物尽其用"（图5-11）。

05 高尔夫地产营销策略

图5-11 高尔夫地产各项综合性资源

1. 景观资源：拉动周边地产升值

高尔夫球场作为一个运动场所，在满足运动功能的同时还兼有其独特的风景；高尔夫球场景观反映了人们对自然的向往，对人生的态度，对高尔夫运动精神的寄托；高尔夫球场景观意境的追求，不仅仅是一种远离城市喧嚣，远离工作、生活烦恼的另类世外桃源，而且还是一个净化心灵、挑战自我、享受生活的体验。高尔夫球场景观是一种带运动性质的、审美的体验景观。高尔夫球场开阔的生态景观资源具有一定的稀缺性，对周边地产升值具有强劲的拉动作用。

城市高尔夫球场景观是通过各种物象表现出来的，这些构成景观的物象称之为"要素"。自然物和人工构筑物都是景观构成要素。构成城市高尔夫球场景观要素要为地形地貌、植物系统、水体、沙坑和建筑物五个自然及人造景观要素（图5-12）。

图5-12 高尔夫球场五个景观要素

要素 1. 地形地貌

地形地貌是景观视觉的骨架,是控制景观视觉的基本指标。

要素 2. 植物系统

植被尤其是树林系组成景观视觉表面变化的主要元素,如各类植物的形态、色彩、尺度、随季节的变化而产生的相应变化等。

要素 3. 水体

水体在景观视觉中占有突出的地位,无论在生态景观上还是在美学上,对景观价值都起着积极的作用。

要素 4. 沙坑

沙坑是高尔夫球场设计理念的重要组成部分之一,是高尔夫球场景观中独有的,从景观的角度看,它是高尔夫球场景观视觉中的亮点。

要素 5. 建筑物

会所、练习场、出发台、球车道和中间休息亭等同样也是高尔夫球场景观组成部分之一。

2. 商务资源:转化为地产开发的现实价值

高尔夫运动在国内仍然是一项"贵族运动",各省(自治区、直辖市)的高尔夫球洞数与其 GDP 的相关程度为 55%,与实际利用外资的相关程度高达 89%。从拥有高尔夫球场的城市来看,各城市的高尔夫与其 GDP 的相关程度为 64%,与实际利用外资的相关程度也高达 75%。

高尔夫会员分布地域广泛,且多为高端商务人士,打高尔夫球除了能愉悦身心之外,更是高端商务人士的社交平台。同时往来或居住在高尔夫社区内通常是成功人士身份和地位的象征。这种心理因素反映在购买高尔夫住宅时会产生一定的群聚效应。

因此,在高尔夫地产的开发过程中,应充分利用高尔夫球场所搭建起来的高端资源平台,扩大项目影响力,将高端商务资源转化为地产开发的现实价值,并实现价值的最大化。

05 高尔夫地产营销策略

> **案例链接**
>
> 高尔夫一开始进入中国就被"贵族"化了。尽管这种观念较为狭隘,但是不可否认高尔夫地产的发展是与中等以上收入人群密切联系在一起的。从2001年以来,参与这项运动的爱好者每年以30%的幅度递增。2010年,高尔夫核心人口数量为33.3万人,而同年内地千万富豪人数达87.5万人,亿万富豪达5.5万人。同时当前我国中产阶层家庭所占的比例为24%,到2020年这一比例将上升到51%,折算成具体人口数量将达到4亿人。因此,从未来市场消费力来看,高尔夫这一"贵族"运动将变得逐渐"平民化"。同时伴随着我国休闲产业的不断发展,目前国内已经出现了高尔夫球场结合旅游度假的相关项目,特别是在海南、云南、广西等地,高尔夫与度假旅游的结合已呈现燎原之势。

3. 球会资源:充分利用各种内部资源突出经营优势

利用球会自身在人力、场地、地理位置、配套设施等资源上的优势,要突出核心能力,找准参与市场竞争的着眼点。高尔夫球会是为了满足参与高尔夫运动的人群需要而建立的,球会里所有的资源如场地、接待设施、球童及其他人力资源、餐饮、财务等,都是围绕这一基本目标进行的。

(1)球会管理重在充分整合九类资源

高尔夫球会管理就是对各种资源进行充分利用的过程(图5-13)。

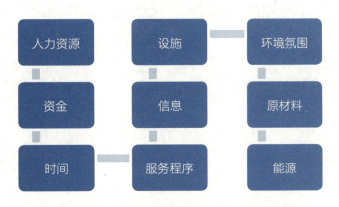

图5-13 高尔夫球会管理各种内部资源

1）人力资源管理：重在提高专业素质

球会的人力资本是指具有不同技能水平和特点的个人所组成的管理高尔夫球场的集体：包括管理者、球童、草坪养护人员、市场销售人员等。他们主要职责是为球会提供智力和体力劳动，为球会创造了财富。球会的经营、管理乃至竞争依赖于智力资本。这必然要求对人力资本的重视。员工的服务技能、专业知识、外语水平、礼貌水准应具备和达到服务标准的要求。

球会管理就是要把各自具备不同知识、技能、特长的个人的力量通过某种方式结合起来，通过分工协作，形成集体化的行为和力量。

对人力资本的开发重点是注重提高其专业素质、道德素质、人文素质和敬业精神。拥有一批高素质的人才，会让高尔夫球会顺利经营。

第一，以高尔夫顾问的标准培训销售队伍

对于高尔夫营销来说，最重要的还是传播——怎样去说服目标传播受众，首先是怎样影响和改变潜在消费者的生活方式和观念；其次是建立他们对球会产品的信心，怎样让他们转变为球会产品的忠实购买者。这些因素是球会产品营销成败的关键。将销售队伍培养成一支素质高、战斗力强的高尔夫顾问队伍。

第二，找到高尔夫顾问队伍的传播途径

消费者对"谎言连篇"的广告已经非常反感，加上广告自身效能也大大打折。高尔夫营销可选择少打广告或放弃广告，转而向目标受众传播"高尔夫知识与文化"，通过传播专业、正确的"高尔夫知识与文化"，让目标受众初步建立起信任。

由于传播内容均为"专业的高尔夫知识与文化"，不会遭遇传统营销模式"夸大宣传"的问题，容易获得消费者信任，这种形式下，传播的目的不再是"说服"、"促销"，而是通过传播高尔夫知识来吸引受众咨询和了解。

这类的传播的方式有几类：

① 印刷高尔夫知识手册，② 举办高尔夫知识讲座，③ 举办高尔夫知识巡展及销售人员的人际传播等。

第三，在营销的每个环节渗透"高尔夫顾问"

以"高尔夫知识与文化"传播为核心、产品销售为辅、完善服务流程、重视售前和售后服务的营销模式，可以让不少潜在消费者转变成了忠诚顾客。

高尔夫球场必须培养一支素质高的专业的高尔夫顾问队伍；建立一套严谨的作业流程，确保所提供的服务与咨询具备专业、准确、统一。不是只将"销售员"的名称改为"高尔夫顾问"的形式主义，而是从形式到内容的全方位的、脱胎换骨的改造，将"高尔夫顾问式的营销模式"渗透到高球营销的每个环节、每个细节。

2）资金管理：球会正常经营的基本支持

高尔夫球会的营运必须保证一定的资金投入，资金的来源及构成要合理，并使用有线的资金投入到关键的环节，如草坪的养护、草坪病虫害的防治、球会的基本营业费用等。如果缺乏基本的资金支持，球会经营就会陷入困境。

3）时间管理：球场高效率经营的关键因素

高尔夫球场的营运是以日均接待打球人数为基础的。高效率意味着以较少的时间和较少的代价完成较多的任务。但对球会而言，每天可利用的时间是有限的，并受季节、天气等自然因素的影响。如何有效利用有限的资源创造高效的时间价值是球场经营管理的重要问题。

4）服务程序管理：以科学的管理方法和管理程序为基础

高尔夫球会营运管理的过程也成为服务过程。从接待、打球、更衣、用餐刀住宿服务贯穿顾客整个的消费过程，而且顾客需要参与运作过程中才能享受服务。所以，高尔夫球会的经营必须以科学的管理方法和管理程序为基础。随意性的管理不能持久。如球会的前台接待服务的程序时由预定、迎客、登记、打球等一系列的程序构成的，但这些工作如果不能系统组合在一起，就只是一些简单动作，会影响整个接待服务的效率和效果。快速对客人的需求做出反应和及时提供服务，是高尔夫球场服务方法和接待程序科学化的结果。

5）信息管理：与外部环境联系的中介

信息是组织保持与外部环境联系的中介，球会必须充分反映外部信息的要求，而球会内部的管理也要依靠信息沟通。信息必须按既定路线和层次进行有序、高效、准确传递，经营情况的各种各样数据的传递，如每天的营业收入、支出、客人下场的人数、平均消费水平、客源结构状况、客源需求趋向等，信息传递是否畅通、信息是否及时收集并处理，对高尔夫球场经营是至关重要的。

6）设施管理：提供优质服务和经营的基础条件

球会作为高档服务场所，良好的设施设备及所创造的环境氛围，是提供优质服务和经营的基础条件。设施的数量、种类是否满足经营的基本需要，会直接影响球会的经营效率。如以球车为例，数量多少、质量如何都会对接待能力产生影响。

7）环境氛围管理：球会经营的重要资源

球会装饰布局、安全卫生、会员活动等所营造的环境是球会经营的重要资源，总体上应营造亲切、高效、豪华和整洁的氛围。

8）原材料管理：需及时供应

球会经营所需要的材料，如球场养护中的各类材料的数量、种类等，应供应及时。

9）能源管理：对球会的供应状况产生直接影响

对球会直接产生影响的水电气等能源供应状况，特别是水资源。

> **案例链接**
>
> 优秀的球会营销模式的主要特性有两个：一是可复制性，可复制性才会产生很大的威力，他发生的是一连串反映，由点到线，由线带面。另一个是业务流程标准化。尽看所有国外成功的球会都有标准有效的业务运作流程。标准的业务流程就是将某一事件的标准操作步骤和要求以统一的格式描述出来，用来指导和规范日常的工作。标准化的精髓就是对工作细节进行量化，用数字说话，譬如业务人员要拜访客户，不能笼统地说本周要拜访几个大客户，而应量化为哪一天拜访对哪个大客户进行拜访，如何拜访？带什么资料等详细的工作流程与步骤。业务流程标准化的关键是最优化，即这样做是最简单、最有效、成本最低的方式。业务流程标准化就是细化、量化、优化的概念。

（2）成立"球友会"实现圈层营销的两大突破点

高尔夫球场的会籍销售多是靠会员介绍，圈子集结尤为突出。高尔夫营销最理想的模式是以一个人为点去发展关系网络的人来了解和认可高尔夫的文化。据统计，1名高尔夫会员至少会对其周围250人产生。因此，成立高尔夫球友会，借助会员之间的圈层营销，在销售方式上实现由"散点式"向"滚雪球式"的突破，在营销方式上实现由"运动场"的形象向"名利场"的形象突破，将是对球会资源的利用达到最大化（图5-14）。

图5-14 球友会圈层营销的两大突破

05 高尔夫地产营销策略

突破1. 从"散点式"到"滚雪球式"的销售方式

销售员的销售过程基本分作三个阶段：扫楼阶段、转介绍阶段、圈子吸引阶段。

最成功的销售员由于找对了方法以及经营时间长，已经使自己的客户糅合成一个圈子，并通过圈子的吸引力源源不断地吸引客户加入。

如果利用圈子进行销售的经验，加以规划、规范，并通过公司提供资源和理念进行操作，就可以大面积地复制出更多更好的销售圈子。从而能使更多销售员由过去是散兵游勇式的、扫街式的游击队式的营销方式，转变成从散点式销售向网络式销售再向滚雪球式销售，实现质的突变。

突破2. 从"运动场"到"名利场"的营销方式

从大量的客户需求资料研究中可以体现出，在高尔夫的消费方式上，客户对拓展人脉、展示身份的需求远高于运动需求本身。如果将球友会打造成"名利场"，一定比"运动场"对客户的吸引力要大得多。球友会的作用在于能充分挖掘了圈子本身所蕴含的能量，并借助高尔夫这个时尚、高贵的平台去消化巨大的名利关系，使得球友会的向心力能发挥到最大。球友会的不断扩张因此变得顺理成章。

> **案例链接**
>
> **可供借鉴的球友会模式**
>
> 第一，成立市长球友会、局长球友会：把政要纳入到球友会中来，其中所能得到的价值不是其他手段所能得到的；
>
> 第二，成立摩根斯坦利球友会：加入金融巨大的球友会，自己企业的融资、财务问题可以无从担忧了；
>
> 第三，成立电子业、家具业、房地产业等行业球友会：化干戈为玉帛，共同培育行业成长，垄断产业链上的利润；
>
> 第四，成立清华大学、北京大学等校友会性质的球友会等。

（3）以活动与资源保障球友会价值实现

球友会的价值实现是通过一系列活动和资源保障来实现的，是一个由量变到质变的过程（图5-15）。

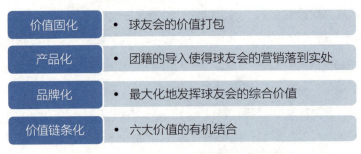

图5-15　高尔夫球友会价值的实现路径

1）价值固化：球友会的价值服务包

高尔夫球友会的价值服务包是在会籍的基本价值的基础上开发出来的一整套增值服务业务，如各种营销、财富、文化论坛，各种高尔夫比赛、社交活动、奢侈品展览、沙龙等一系列以高尔夫为中心但又超出了高尔夫本身价值的活动，一方面使会籍价值升值，另一方面使高尔夫营销活动得到了有效的延伸。也是挖掘与发现新的潜在客户的有效方法与途径。

2）产品化：团籍的导入让球友会营销落到实处

团籍产品是集个人会籍与球友会资格于一身，含有完整价值的球友会编制，引发团体购买的产品。团籍产品的推出使得销售方式发生了很大的革新，可以帮助销售人员最充分地利用圈子来完成销售。

3）品牌化：最大化地发挥球友会的综合价值

球友会不只是一个渠道的创新，球友会同时是复合价值（文化价值、销售价值、服务价值、品牌价值、商务价值、管理价值）的球友会，为了最大化地发挥球友会的综合价值，可将球友会作为高尔夫球会的子品牌来进行品牌化经营，同时设计出专项的品牌打造工程，进行有效的品牌化建设。

4）价值链条化：六大价值的有机结合

品牌化的下一个阶段就是形成价值链，在这个观念的指引下，规划中的高尔夫球友会将实现文化价值、品牌价值、商务价值、销售价值、管理价值、会员价值等六大价值的有机结合。

4.服务资源：提升球会经营与效率

服务资源是高尔夫球会的主要产品，也是球会经营收入的重要渠道。只有不断丰富高尔夫球会的服务资源，提高服务资源的运作与效率，才能为高尔夫地产带来持续稳定的收入,从而使整个项目的开发获利。高尔夫球会服务资源一般包括如图 5-16 所示的八个方面。

图5-16 高尔夫球会八大服务资源

(1) 会籍产品开发

根据消费者的不同需求来开发产品,主要的需求分为三类:身份、商务、运动;而投资需求可以附加在这三种产品之上。形式上可分年卡、点卡、平日会籍、团籍等;档次可分高、中、低三种,每个球会根据自身的条件来确定重点开发那一个档次的会籍卡。

(2) 服务包

把每一项服务包装成一个小的服务包,可以被客户付费激活;同时可以把联系紧密的服务包组合起来形成一个大包,成为会籍升级和开拓其他业务的一条路径。如基础高尔夫价值服务包,商务、交际价值服务包;爱好、专业价值服务包,身份、荣耀价值服务包,健康、休闲价值服务包,投资、增值价值服务包等。

(3) 附加价值开发

附加价值的利用要用在刀刃上,用附加价值把不同会籍卡价值的差异化体现出来;同时在一定时期内以优惠政策配套来刺激会员的升级与消费。

(4) 会籍价值延伸

把会籍与酒店、房产、旅游等业务进行组合后,综合设计出套餐式产品,使会籍价值有效延伸。

（5）环球高尔夫旅游计划

选取美国、加拿大等国外的高档高尔夫球会及大陆的深圳、昆明、上海、北京、大连等地的高档高尔夫球会，结成高尔夫联盟，来整合全球的高尔夫球场资源，组成高尔夫球会大联盟，针对旅游休闲市场推出环球高尔夫旅游计划，游客有机会同时享受各地不同风格的球场风格，同时也能领略当地的文化风俗、城市风光等；甚至可以将酒店、航空、旅游等产业一起进行整合。

（6）赛事策划

固定的申办一些专业赛事，在赛事期间，邀请对高尔夫球非常爱好的会员免费参观赛事，并和一些专业选手进行交流甚至和一些国内的高排名职业选手同场竞技。由球会出面来安排和组织一些由会员参加的赛事，针对高尔夫球爱好者，可以进行由球会冠名的业余赛事，或者联合其他球会进行中国高尔夫球会团体对抗赛；针对有商务需求的会员，可以组织商务精英挑战赛，或者同事邀请知名企业家参加，和球会会员一起组队参加。针对高尔夫爱好的会员，组织环中华高尔夫巡回赛，在深圳、北京、上海、东北、昆明等地各选一个高尔夫球场，让会员巡回的在这些高尔夫球场打球，体验不同球场不同难度，迎合这些会员乐于体验不同球场的需要，同时让广大高尔夫爱好者有一个充分切磋交流的机会。

（7）团体业务开发

针对团体的消费特征来开发一些适合团体消费的产品，同时设计一些团体（圈子）所能激活的价值服务包。

（8）横向业务开发

在解决了高尔夫产业本身的问题后，发展高尔夫产业营销的重点就是与高尔夫的层次相匹配的其他行业（如奢侈品、保健、健身、汽车、地产、电信、金融行业等）结合起来，其实质也是向这些高端行业的市场营销的延伸。资源共享，共同向对方延伸，实现双赢。目前高尔夫营销仅仅是举办一些赛事，企业进行冠名、赞助等初级合作，远没有国外运作的完善。在北京、上海等城市已经将高尔夫的会员证和高档房产结合销售，需要进一步加强的是在联合的基础上，努力拓展与房产有关的客户，不要局限在高档地产的客户群上，将高尔夫的休闲、商务概念拓展，与地产的绿色、健康概念结合，普及高尔夫运动。

5. 客户资源：将客户关系管理置于营销体系核心中

高尔夫球会客户关系管理实施要点在于将客户关系管理置于营销体系的核心地位。围绕着客户关系管理，重新设计销售和服务流程，调整组织结构，真正实现以客户为中心的营销体系。

具体的思路是，第一，要建立客户数据库体系，以达到针对性服务的目的。以客户数据库的开发与应用为基础，根据客户关系管理的实施，调整产品/服务开发策略，提供有针对性的增值服务；

第二，对客户做精准分析。通过客户关怀和对接触点的分析，增加客户接触质量，强化销售能力；

第三，通过和顾客的互动和沟通，使品牌形象深入人心。

（1）建立数据库以确定客户定位

高尔夫地产销售不是量贩式，一对一的营销模式更符合球友的消费习惯。营销人员应对目标客户群建立数据库，目的是让目标客户再次到访时根据个人习性投其所好地服务，为销售提供良好的氛围和契机。对于满意的产品和服务，消费者不打折也会购买，让利是建立在做好服务和产品的基础上，不能本末倒置。

在客户第一次来球场时就应系统记录客户的兴趣度、爱好、用车型号和投资理财倾向等，为打球客户完善客户档案，包括消费行为、打球习性、满意度监测和反馈、投资能力评估和服务记录等。

高尔夫球会三类客户群体如图 5-17 所示。

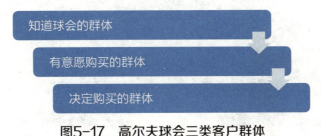

图5-17　高尔夫球会三类客户群体

1）营销围绕球会的全部潜在客户群展开

一个市场部的核心工作是什么？

就是要提高市场占有率。有效地让更多的"全部潜在的客户群体"中的人知道球会的会籍、房产、酒店等相关信息。

高尔夫球会的定位一旦被确定，那么它的潜在客户描述和数量也基本确定。市场部的工作往往由公司统一运作，才能传递给外界一个更统一的信息。如在潜在客户最稠密的区域，由球会进行统一的媒体广告、举办各类宣传赛事、邮寄各类 DM 资料、策划推广活动，增加媒体曝光率等。

2）有意愿购买的群体

很多活动要采取公司统一的行动，如大型论坛、大型高球知识展览等，这是市场部的工作；有些则需要在市场推广活动后的各个突破，如对有意向的潜在客户的跟进等，这是销售部的工作。把"知道你的球会"群体中的人更多地变为"有意愿购买"的群体，这样的活动就是前期销售或售前工作。对于市场部，达到这个结果是一个漫长的潜移默化教育与宣传的过程，这项工作是以市场部为主、销售部为辅的工作。

3）决定购买的群体

市场、售前工作、销售、客户管理与服务，是球会营销活动中相互有着密切关联性、协同性的有机整体的四个部分。让"有意愿购买"的群体变为"决定购买"的群体，这才是真正有价值的销售工作。

（2）客户关系管理对高尔夫营销的三个作用

客观关系管理的作用一般由三个主要部分来体现，即销售管理、市场管理、客户服务（图 5-18）。

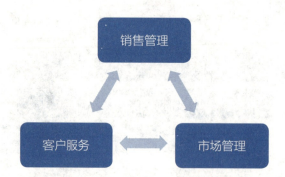

图5-18　客户关系管理对高尔夫营销的三大作用

作用 1. 销售管理

事实上，高尔夫会籍的销售主要依靠老客户介绍和口碑传播来进行。在这种情况下，客户管理水平决定了销售水平。在高尔夫会籍的演进方向上，不同的客户管理水平代表了不同的销售模式。客户关系管理能帮助销售人员有效地跟踪所有销售过程，用自动化的处理过程代替原有的人工整理分析过程。

作用2. 市场活动管理

客户关系管理同时还具有市场分析、市场预测和市场活动管理功能，通过客户关系管理能帮助球会识别和确定潜在顾客和目标顾客群，通过对会员的常住地、收入水平、打球水平、以往的购买行为等信息的分析，更科学、更有效、更精确地制定出品牌和传播策略。

作用3. 客户服务

好的高尔夫客户管理能借助强大的数据库把销售过程、营销传播、客户关怀、售后服务等有机地结合起来，为球会销售和推广提供了更多的机会。通过客户服务使客户和准客户可切实感受到球会关怀，增强对球会的信心，传播美誉度和忠诚度，形成对销售的拉力，同时使得会籍增值。

好的客户服务是把以下主要内容做细致：客户关怀、纠纷跟踪、打球现场服务、问题及解决办法的数据库、客户增值服务等。

（3）客户关系管理四大价值

客户关系管理的价值在于如图5-19所示的四个方面。

图5-19 高尔夫客户关系管理价值

价值1. 优化球会的运营价值链

球会的运营价值链通过原本"各自为战"的市场人员、策划推广、销售人员、服务人员等通过客户关系管理之后形成。客户关系管理的作用就是让整个价值链成员以"满足客户需求"为中心目标协调合作，顾客价值得到最大化的体现。

价值2. 发掘延续新老客户

对于会员，要借助球会资源的进行整合，帮助球会捕捉、跟踪、利用所有的客户信息，在内部实现资源共享，从而使球会更好地管理销售、服务和客户资源，为客户提供快速周到的优质服务，从而成为忠诚度很高的老会员。

对于潜在顾客，要借助完善系统的客户关怀、电话拜访、会议营销及产品宣传，使顾客了解和认识球会品牌，进而对球会品牌产生好感，最终转化成会员。

价值3. 拓展全新市场空间

客户关系管理还能对市场进行细致的分析，使得企业可以及时从消费者座谈、顾客投诉、市场调研等方面发现市场机会和开发适合市场的增值服务，使球会竞争力提高。

价值4. 促进球会效益提高

客户关系管理得一个作用是整合球会的全部业务环节和资源体系，使企业的运营效益大大提高。客户关系管理对球会资源的整合，实现了球会的信息共享，使得业务流程的自动化程度和员工的工作效率大幅度提高，促使企业效益的提高。

客户关系管理在球会的资源配置体系中起到了承前启后的作用，既可综合电话服务中心、会所、市场部、网站等形成球会的前端喉舌，也可以渗透高球运作部、财务和人力资源等部门整合企业的内部组织。

（4）通过客户管理体系分析客户的四项工作

建立完整客户管理体系的目标在于分析客户。建立客户管理体系包括如图5-20所示的四个方面内容。

图5-20 建立完整客户管理体系的四个方面

分析客户的工作核心是加强客户确认,明确客户细分、客户获得和客户忠诚。目的是明确客户当前和未来需求的看法,这些工作结果能让球会加强对组织及其服务的理解,提高客户满意度,牢记客户的经济价值,迅速有效的回应客户需求。

1)做客户需求分析划分客户类别

购买高尔夫会籍的动机(需求)错综复杂,且大多是多种需求彼此交融,难以一言以蔽之。但认真分析、合并同类或接近的需求后,还是可以将目前大陆地区现存和潜在的高尔夫会籍需求分为四个大的类别(表5-2)。

四大客户类别的需求分析　　　　　　　　　　　　　　　　　　　　　表5-2

客户类别	客户需求
商务,交际,礼遇,招待	入会动机明确,功利性强,未必全都关注对打球本身; 选择会籍时比较看重交际或招待对象的价值感受,看重球会名气、气派、档次等; 需求可能是潜在的,一旦被激活,消费能力强,价格敏感度低; 球技未必很高,打球频率低,是高价值、高贡献的客户; 现存和潜在人群较大,单位、个人都有
高球爱好者,喜爱高球运动	打球需求已经存在,无需教育,对球场硬件要求较高,关注打球权益; 会籍消费理性,货比三家,甚至已形成"是球迷就不买会籍"的群体倾向(极高消费能力的除外),价格敏感度极高; 球技高,打球频率高
身份,面子,入流,上品	需求是潜在的,需要被激活,具有较好的消费能力,潜在人群数量庞大; 主要是依靠圈子内人士的影响,也会受到广告、炒作等方面的刺激; 未必真的是为了打球,至少初期打球频率不会很高
健康生活,品味,休闲	由于没有太强的功利目的,也不是对高球成瘾; 因此此类需求大多依靠圈子感染和生活自悟,激活和满足都相对较难

2)借助客户接触点分析解决销售和品牌问题

分析客户接触点,就是明确和客户的接触点是什么,这些接触点产生什么信息,这些信息如何整合、评估、利用,补充的信息如何收集,进一步的接触点该如何设立,接触客户时应传递哪些信息,如何对不同的客户采用不同的沟通方式。系统分析客户有效接触点,是提升整个客户关系管理水平的关键之一,它还能对品牌和销售产生促进作用。

针对潜在客户接触点分析是客户管理的关键。

利用会籍成交模型分析，可以看到客户认知和销售流程两条主线中，有三次关键的接触点，这是用来解决会籍销售和品牌提升的七个问题突破口（图5-21）。

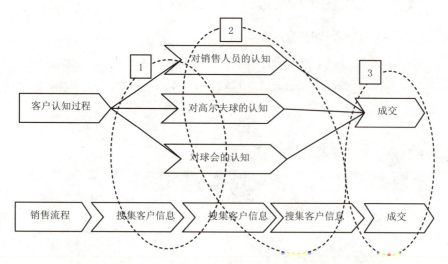

图5-21　会籍销售过程中与潜在客户的三次关键接触点

3）建立客户数据库与客户建立长久沟通

借助计算机和通信技术建立宫广信息数据库，通过数据库中的数据信息来确认和分析球会会员和潜在客户，并根据分析结论与之进行交流和沟通，从而建立一种与顾客长期持久的沟通，从而提高球会品牌影响力（表5-3）。

● 建立客户数据库的四个步骤　　　　　　　　　　　　　　　　表5-3

步骤	具体做法
精确目标消费者群	通过顾客数据分析，可利用计算机通过会员统计和顾客心理分析的方式，把具有相同特点的潜在会员集合在一起，形成目标顾客群
维系顾客忠诚度	通过数据库中客户兴趣爱好及行为数据分析，针对不同的顾客制定相应的个性化的沟通交流方式，维持和增强与该类顾客感情纽带，通过这种一对一的关怀方式，维系顾客的忠诚度
明确顾客深层需求	通过对特定顾客的入会动机、满意度调查，以及对客户需求的追踪分析，可以从中发现顾客的深层需求，以提供的新的增值服务给顾客，发现新的市场机会
找准传播方式	根据顾客数据库确定传播目标，从顾客所在的区域、购买习惯、生活方式等做出大致的销售预估，从而确定合适的营销传播媒体和费用

05 高尔夫地产营销策略

4）为客户提供个性化增值服务

针对不同类的客户提供个性化增值服务（表5-4）。

为不同类别的客户提供个性化增值服务　　　　　　　　　表5-4

客户类别	个性化增值服务
品牌类	顶尖人士圈子的样板示范； 身份区隔的价值外化
商务类	商务交流的实用平台； 拓展人际关系的实用平台； 激发交际圈子的社交价值； 发现商机的实用平台
高尔夫文化类	球会生活才是一种充分、鲜活的高尔夫文化； 增加和国内国际顶级球会的交流机会； 球会的文化贴近不懂球的人群
会员权益类	球会附加价值服务包； 球会承办赛事的优先观摩权； 短期促销的优先享受权

（5）客户关系管理实施过程

客户关系管理并不是简单的客服服务提升，而是整个营销体系的重新建立，伴随着客户关系管理体系的开发与实施，代表着以客户为中心的营销模式的建构。客户关系管理如何实施呢（表5-5）？

客户关系管理的实施过程　　　　　　　　　　　　　　　表5-5

	目标设定	客户关系管理策略导入	实施
目标	客户需求分析； 行业标杆分析和实施分析； 现有客户关系管理的评估； 客户关系管理远景评估	包含在整体销售和营销战略内的详细的客户管理策略的开发； 针对客户接触点的分析； 个性化增值服务； 客户数据库的开发与应用； 设计详细的客户关系管理流程并设计相应的组织结构	客户关系管理策略实施； 组织管理体系变革导入

6. 赛事资源：注重长远发展收益

球会举办高尔夫赛事的经济收益可分为两类：短期收益和长期收益（表5-6）。

● 球会举办高尔夫赛事的经济收益　　　　　　　　　　　　　　表5-6

短期收益	球会在高尔夫赛事运作过程中所产生的各项收益，包括门票收入、广告收入、餐饮收入、打球收入等
长期收益	在承办高尔夫赛事后，通过知名度的提高，服务水准和员工素质的提升，在长期内通过增加来场打球人数、促进会籍、房产的销售等获得的收益

由于国内高尔夫运动和赛事运营还处于起步和发展阶段，赛事广告、门票、电视转播、赛事赞助等市场尚未完全打开，所以目前对于国内球场而言，承办高尔夫职业赛事在短期之内是入不敷出的，还应以长期收益为主，注重球会的长远发展。

（1）球会参与赛事的目的明确

只有明确了球会自身参与其中的目的，对投入和收益有一个合理的估计，才能对赛事才能有一个清晰的认识，也只有这样才能做到有的放矢，才会全身心地投入其中（表5-7）。

● 高尔夫球会参与职业赛事的目的　　　　　　　　　　　　　　表5-7

目的	备注
① 提升球会的知名度，扩大影响力	承办一场国际性职业赛事对于球会的无形资产具有巨大的推动作用。通过参与职业赛事的运作，能够提升高尔夫球场的知名度和美誉度，极大地增强球会自身的品牌效应，扩大在业界和当地社会的影响力
② 促进俱乐部会籍、房产销售	特别是对于新成立的球会尤其如此
③ 锻炼球会员工，提高员工素质，提升服务质量	
④ 获得高尔夫赛事经验，改善球会的软硬件条件	
⑤ 获得经济收益	经济行为的最终目的就是为了获得经济收益

（2）明确球会在赛事中的定位

作为赛事主赞助商之一的球会应明确自己的位置，球会首要的责任是提供优质的比赛场地、良好的工作和比赛环境以及可口的饮食,不是所有的项目都需要插手,应该有所为有所不为,千万不要本末倒置、越俎代庖。

一般大型职业赛事基本上由如图5-22所示的相关主体构成。

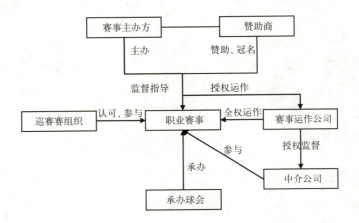

图5-22 高尔夫职业赛事组织机构图

1)赛事主办方

指赛事的主办单位,国内的职业高尔夫赛事一般都要得到中高协的官方批准。

2)赞助商

分为冠名赞助商、协同赞助商、一级、二级和三级赞助商等。

3)赛事运作公司

一般大型职业赛事都会由赛事主办方和冠名赞助商授权的赛事运作公司负责整个赛事的运作工作。这些赛事运作公司用经验丰富的高尔夫专业人才负责赛事各方面的工作。在整个赛事运作过程中起到了核心作用。

4)外部中介公司

由于赛事的事务比较繁杂,所以一些赛事运作公司会将某些项目如广告招商、场地布置、媒体接待等工作外包给外部的中介公司去做。

5)巡回赛组织

主要指美巡赛、欧巡赛、亚巡赛等高尔夫巡回赛的官方机构。

这些机构常年进行高尔夫职业赛事运作,拥有一整套理论化和系统化的赛事管理理论和丰富的实际操作经验。如果能够得到这些机构的认可,对于提升该项高尔夫赛事的水准和承办球会的档次是非常有帮助的。2005年中国有5站比赛得到了欧巡赛的认可,中国已经成为世界上高尔夫国际赛事发展最快的国家之一。

6)承办球会

主要是提供比赛场地、练习场地和餐饮服务,协助赛事运作公司开展工作。

(3)明确责、权、利的关系

高尔夫赛事的各相关主体是相互关联,并存在一定利益关系。赛事举办的过程本身就是一个各方不断博弈、协调和相互妥协的过程。在此情况下,球会应当与主办方和赛事运作方明确相应的责、权、利关系,尽可能在赛前达成一致,减少在比赛过程中产生不必要的摩擦。在保证自身利益的基础上,全力配合赛事主办方和运作方开展工作。

(4)成立委员会应对赛事

高尔夫赛事包罗万象,单靠个人的智慧和力量,无法获得成功。因此球会在备战高尔夫比赛时,应成立内部专门的赛事筹备委员会,合理运用团体的力量。

委员会应包括球会内部各相关部门,主要有草坪部、球童部、餐厅、办公室、保安、前台、更衣室、酒店等。各部门应当有清晰的分工和明确的责任(图5-23)。

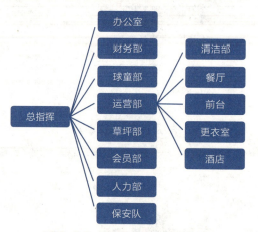

图5-23 委员会构成示意图

委员会一般由总经理或副总经理直接担任总指挥一职,各部门应由部门领导直接参与。

委员会需指定1~2名主要协调人,专门负责对外和对内的协调工作。这些协调人应具有一定的语言能力,并对赛事和球会的运作十分熟悉。

(5)注重沟通的层次和范围

相互间良好的沟通是保证赛事取得成功的重要环节。沟通是相互交换信息的过程,沟通的层次和范围越广，得到的信息就越多。

1）球会对外沟通

球会应定期与赛事运作方接触，通报赛事准备情况。接触的次数随赛事的临近而不断增多。

2）球会内部沟通

球会赛事委员会应定期举行内部工作协调会。在赛事临近时，每星期都要召开，一方面对以前的工作进行总结和监督，另一方面布置新任务，提出新问题。

3）注意部门内部信息的传达和公布

将最新赛事资料在第一时间向球会内部公布，必须确保每一个员工都能准确收到这些信息，从而形成一个畅通无阻的内部信息通道。在比赛进行过程中，所有员工都应对比赛动态有足够的了解，以方便会员和观众查询。

4）注重与会员的沟通

举办职业赛事对会员而言是利弊参半：一方面赛事周剥夺了会员打球和练球的权利，对会员的权益会造成一定的影响；另一方面通过举办国际性赛事宣传了球会，提升了球会的服务素质，增加了球会会籍的价值，并提供了会员与职业球手交流的机会，对会员的长远利益具有推动作用。

因此在赛前的会服工作中应主动与会员沟通，在比赛开始至少二个月前就通过各种方式，向会员宣传赛事，甚至可以邀请会员参与到比赛准备工作中，调动会员自身的积极性，最大限度地消除赛事带来的不利影响。

四、利用综合资源做跨界营销

高尔夫地产的开发对资金的要求要高于其他一般地产，然而高尔夫地产的盈利渠道却十分有限。因此，与其他行业合作，进行跨界营销是高尔夫地产营销的重要渠道之一。跨界营销是指突破原有行业惯例，通过嫁接外行业价值或全面创新而实现价值跨越的企业行为。它跨越了常规营销思维，是以整合社会资源扩展营销领域为目的的一种新营销方式。

1. 优势：有效提升企业宣传力度及营销效率

跨界营销方式能够有效提升企业的宣传力度及营销效率，它通过不同行业之间的合作，将自己确立的市场人气和品牌内涵互相转移到对方品牌身上，并使传播效应互相累加，从而丰富双方品牌的内涵和提升整体的影响力。

高尔夫地产的客户群体比较高端，它可以与各种金融服务行业进行整合，也可以引进各种奢侈品品牌，不断丰富高尔夫地产品牌的内涵。跨界营销模式非常适合高尔夫地产等拥有较高消费群体的行业。

2. 核心：与其他品牌的价值叠加、融合和延伸

跨界营销是突破传统的简单合作，寻求多方面的真正共赢，这就需要促使整个合作不断地持续开展和深化。尽管跨界营销已在全球各个行业中广泛应用，但在中国高尔夫地产业还是涉足尚浅。

高尔夫地产业的"跨界"，需要与其他品牌进行价值的叠加、融合和延伸，这种思想应该要渗透到这些企业的"心脏"中去。这样客户就能利用双方企业共同建立的商务平台，享受到更多的附加服务，而企业也能从客户之中发掘出更深、更良性的、可持续开发的价值。所以说，高尔夫地产企业应善于利用自身平台优势扩大客户圈层。

3. 四种高尔夫地产跨界营销的方式

高尔夫房地产营销要充分利用其综合资源，如大型赛事、体育娱乐明星、知名赞助商等品牌开展营销活动，充分利用高尔夫球场所搭建起来的高端资源平台，扩大项目影响力，将高端商务资源转化为地产开发的现实价值。此外，还可以通过慈善营销的手段提升企业的社会责任形象（图5-24）。

与金融界合作	• 增加高尔夫地产的营销卖点
与娱乐界合作	• 促进高尔夫产品营销
与商业界合作	• 为高尔夫赛事的举办提供资金条件
与慈善界合作	• 建立高尔夫企业良好的公众形象

图5-24　高尔夫地产跨界合作营销的四种主要方式

（1）与金融界合作：抓取高端客户资源

金融企业间对高端优质客户的争夺至关重要，把握这部分高端客户群体的实际需求并开展极富针对性的品牌推广和增值服务将在激烈的竞争中占得先机。与金融业合作不仅能增加高尔夫地产的营销卖点，同时能给金融机构带来巨大的经济效益。

以高尔夫系列活动为平台，吸引业界眼球，聚集商界代表人物。突出金融企业现业态，打造品牌战略，让社会各界、集团用户、目标消费群更深刻地认识企业产品及企业品牌，增强信任度及美誉度。

借用高尔夫平台，为国内外各主流商家、用户提供更多交流合作空间。让投资者、业界及政府领导了解金融企业经营新动向、新目标、新措施，增加了解和支持。

> **案例链接**
>
> 广州"华标品峰"地产同金融界的跨界营销，就是联合金融行业向业主和潜在客户推出全新的资产保值、增值理财计划，让物业不断升值，保障其业主在若干年期后可获取较高比例的增值收益。另外，它的客户可以选择并享受到不同银行如国有股份大银行、民营股份银行、外资全球大银行等vip客户级别的优惠待遇，包括各种优质客户贷款、专业专项的理财服务和境内外资金周转自由的灵活性等。

（2）与娱乐界合作：促进高尔夫品牌认知

有许多高尔夫地产项目会邀请娱乐明星来担当形象代言人，这是产品营销策略中惯用的手段。另外中国别具特色的明星高尔夫球队，他们的广告效应也是不可忽视的。球队自2004年创立以来，年度总决赛共经历海南、上海、云南、成都、苏州五站，增加这五站的球场的知名度，从而拉动了其高尔夫地产的品牌认知度和销售。与娱乐界的合作，必将对高尔夫球场及地产产生着积极的作用。

> **案例链接**
>
> 观澜湖就非常善于同娱乐界合作进行跨界营销，它邀请世界钢琴界领军人物郎朗、球王杰克·尼克劳斯、飞人刘翔来打球，从而提高了观澜湖的品牌知名度。

（3）与商业界合作：为高尔夫赛事获得资金保障

高尔夫与商业界的合作形式主要是提供一个商务平台，知名企业以冠名的形式赞助高尔夫运动的举办，通过高尔夫赛事的影响力传达企业自身的商业信息。

高尔夫与商业界合作是一个互惠互利的过程，一方面，企业为高尔夫赛事的举办提供了资金条件，另一方面，高尔夫赛事又为企业提供了新的营销策略，让企业在社会中有更高的曝光率，同时也帮企业树立起良好的形象，增加了产品的销售机会。

> **案例链接**
>
> 观澜湖就是一个与商业界合作营销的国际舞台。Epson、环球影业和Wal-Mart等世界500强企业的董事会主席纷纷成为这里的座上宾，他们可以借助"观澜湖"的商务平台不断实现事业的飞跃，而"观澜湖"也因为这一营销模式创造了巨大的效益。
>
> 还有南京钟山国际高尔夫也是与商界合作营销的典范。2009年它邀请世界顶级奢侈品展"Top Show"为企业家和各界精英量身定制了黄金社交平台，得到了广泛认同和积极反响。奢侈品是财富、地位、身份，甚至权力的象征，而奢侈品的魅力与内涵正好说明了高尔夫地产是顶级高端生活典范，从而增加了潜在消费者对其地产品牌的印象，而且对Top Show中的奢侈品品牌的认知度和销售都有巨大的帮助。

（4）与慈善界合作：建立高尔夫企业良好的公众形象

高尔夫地产企业与慈善界合作，不仅能建立起良好的公众形象，还能增加企业的信誉，对社会弱势群体也起到一定的帮助，达到了互利互惠的效果。

> **案例链接**
>
> 北京"清锦源"与慈善界合作的跨界营销是非常成功的，它借助北京鸿华高尔夫俱乐部的月例赛这一平台，在每站比赛中设置"一杆进洞"慈善大奖，以每位获奖球手的名义像红十字会慈善基金捐款人民币30万元，取得了良好的效果。

五、案例解读:观澜湖高尔夫球会综合资源的价值分析

观澜湖高尔夫球会横跨深圳、东莞的观澜湖高尔夫球会,具有216洞12大球场的规模,被"世界吉尼斯纪录组织"认定为世界第一大高尔夫球会,是世界最大也是唯一汇聚五大洲球场风格的高尔夫球会。观澜湖以高尔夫为核心,集网球、壁球、桌球、排球、羽毛球、健身中心、美食、SPA、儿童游乐场、度假物业为一身,拥有高尔夫别墅群、亚洲第一大乡村俱乐部、观澜湖水疗度假酒店、国际会议中心、大卫利百特高尔夫学院和辛迪瑞学院、亚洲第一大水疗中心、特色荟萃的中西美食及多种休闲设施(图5-25)。

图5-25 观澜湖效果图

高尔夫综合性资源为购买者带来的不仅是景观资源、商务资源、丰富的社区资源,更带来实质的经济回报。高尔夫地产提供了与自然相融合的生活环境,体现居住、度假、运动、商务、休闲与高尔夫文化的结合。住宅可帮高尔夫项目平衡球场投入,同时高尔夫球场亦可促进住宅价格提升。

观澜湖高尔夫球会综合资源整合体现在如图5-26所示的五个方面。

图5-26 观澜湖高尔夫球会综合资源整合

1. 景观资源：先造环境再造房子

1992年，香港骏豪集团拿下观澜20km²的山头和荒地，建设观澜湖高尔夫球会。观澜湖项目从一开始规划设计，就十分注重球场与地产建筑的和谐关系，主张"先造环境再造房子"。其设计理念是力图使打球者在球场中所看到的建筑物是一幅美丽的画面，而居住者在房间中所看到的球场也应是极为赏心悦目的，球场与地产二者有机结合，相互辉映。观澜湖地产项目依托世界第一大球会（观澜湖高尔夫球会），使其占据着其他地产项目不能比拟的景观资源。目前观澜湖方圆近20平方公里，地跨深圳、东莞两地，绿化覆盖率已达99.7%，还有通过重新规划整治的80多万m²水域、200万m²的绿化山体。

深圳观澜湖高尔夫别墅，在观澜湖高尔夫球场规划建设过程中，周边别墅住宅价格每平方米小于5000元；1995年高尔夫球场建设经营初期，晓峰居别墅每平方米均价2万元；2005年高尔夫球场进入品牌经营期，高尔夫住宅每平方米均价2.6万元；2006年高尔夫球场促进房地产整体高速上升，社区翡翠湾每平方米均价3万元；2010年，观澜湖别墅每平方米均价在5万元以上。观澜镇地产在其开发的大宅、翡翠湾、长堤、上堤近10个别墅项目创造的销售成交总额近100亿元。

2. 品牌资源：唯一汇聚五大洲高尔夫球场风格的球会

只有提高了高尔夫球场的知名度和美誉度，高尔夫地产的价值自然水涨船高，大赛和名人效应成为观澜湖成功的两大制胜法宝。观澜湖拥有12个世界级高尔夫球场，其中深圳会所 5 个球场，东莞会所 5 个球场，黎光会所 2 个球场。12 个球场由"世界球王"杰克尼克劳斯等 12 位国际高坛巨星设计，在目前全球 5 万个高尔夫球会中，观澜湖也是唯一汇聚五大洲高尔夫球场风格的球会。

2006 年，观澜湖获得高尔夫世界杯连续 12 年的举办权。2011 年，观澜湖获评"CCTV 中国品牌"，成为这项评选活动诞生后第一个获此殊荣的休闲生活高端品牌。同时，观澜湖荣获国家 5A 级旅游区称号，也是中国唯一获得 ISO14001 及 ISO9001 质量管理体系认证的高尔夫度假地。在中国经济高速发展，人们越来越重视生活质量和幸福指数的今天，观澜湖品牌的价值正在不断放大。

3. 商务资源：每月承办数百个商务社交沙龙

高尔夫球会一般处在经济发达、外商云集、交通便利的地带，常常举办赛事体验交流、商务社交沙龙、艺术生活品鉴等文化活动。活动为会员创造交流球技的机会，并成为结识朋友、拓展生意的平台。观澜湖高尔夫球会每个月都会承办数百个大大小小的商务社交沙龙，众多跨国公司及机构如汇丰银行、沃尔玛、友邦保险、戴尔和艾默生等都是这里的常客。顶级商务会议如 APEC 预备会议、首届时代华人大会也选址在此。这让它成为瞩目的国际商务休闲场所和汇集商界名人的胜地。

4. 社区资源：设有多项综合休闲设施

高尔夫球会的会所，能够提供私人商务社交场所。除了高尔夫球练习场外，还有健身中心、射箭、桌球、自行车、乒乓球、篮球、羽毛球等体育运动设施和 Spa 水疗中心、高尔夫专卖店、儿童娱乐场、夜总会、中西餐厅、贵宾房等综合休闲设施。高尔夫多项目的社区资源甚至影响至周边地区，带动整个区域的发展。

5. 客户资源：将高尔夫球会会员转化成地产项目的潜在客户

高尔夫球会已逐渐成为一个国内成功者的高尚沙龙、社会名流的高尚社交圈，客户资源相当丰富。高尔夫地产项目充分借助高尔夫球会会员的丰富资源，最大化地将其转化成地产项目的潜在客户。

新手知识总结与自我测验

总分：100 分

第一题：高尔夫地产综合资源配置不合理有哪几种表现？（20 分？）

第二题：高尔夫地产需要整合哪几个综合资源？（30 分）

第三题：高尔夫地产的跨界营销有哪几种常见方式？（20 分）

思考题：怎样建立高尔夫地产的营销体系？（30 分）

得分：　　　　　　　　　　　　签名：

高尔夫地产项目投资

操作程序

一、高尔夫地产投资特征
二、高尔夫地产投资利润率测算
三、构建高尔夫行业融资平台
四、案例解读：上海佘山国际高尔夫俱乐部可行性分析

投资高尔夫地产要面临高投入、高税收、高消费、高亏损等问题，资金的需求量特别大。高尔夫地产的资金回笼渠道相对较少，极易造成资金链断裂。提高高尔夫地产的投资回报率，如何开源与节流是关键。

本章结合高尔夫地产的投资特点，介绍了高尔夫地产项目投资利润率的测算公式，进一步探讨了如何构建高尔夫行业的融资平台以获取更大投资回报。

一、高尔夫地产投资特征

高尔夫球是一项高成本的投资，因为目前大多数草种都靠进口，球场草坪的成本、草种的选用成本都很高。兴建一个标准18洞以上的标准高尔夫球场，投资金额已经超过一亿元，而在正常状态下，一个高尔夫球场的平均投资回收期为十二年。作为一个新兴行业，发展商大多为民营企业，本身的融资渠道不多，加上缺乏国家的支持，要寻找合适的银行、投资者和资金就更困难。加上中国在高尔夫项目的相关设备制造技术的能力不高，只能依赖从国外进口，造成了经营成本难以降低。根据美国高尔夫研究的数据显示，2002年全球20亿美元设备出口额中，中国占了43%，达到8.6亿美元。高尔夫消费的价格居高不下，"贵族化"的形象难以"平民化"，最终只能成为一种奢侈品。

在消费者抱怨"门槛太高，消费不起"的同时，大多数高尔夫球会所也在抱怨生意难做。昂贵的成本投入和高额税收，迫使球场收取较高费用。而收取费用越高，离群众就越远；离群众越远，它的"贵族"及娱乐性质就越浓，经营效益就越有限，从而形成高投入—高税收—高消费—高亏损的怪圈。

1. 高投入：建设高尔夫球场资金需求量大

高尔夫球场建设成本很高，以一个十八洞球场为例，投入资金大概需要一、两亿元人民币。其中包括多达19项的固定资产投资预算和一定的流动资金预算。按照正常状态，一个高尔夫球场和建一个商业中心的平均投资回收期差不多长短，约为12年，甚至更长。

一般来说，一个十八洞球场主要投入有三大部分：一是土地；二是球场设计与建造；三是会所及配套设施建设。每部分都与实际环境、标准、涵盖内容有关，而且差异会很大。地皮成本是造成打球贵的主要原因之一，高尔夫球场投资近一半是地价（图6-1）。

图6-1 高尔夫球场投入资金的主要用途

06 高尔夫地产项目投资

虽然工程一开始并不需要投入全部资金，但工程进行过程资金供应一定要保证，否则就意味着停工、错过最佳施工季节和错失市场机会，最终会加大成本、降低效益。除征地、办证等外，建设的启动资金大约需要两、三千万，主要用于设计、施工进场、材料购买等。

> **案例链接**
>
> **工程启动后的资金来源方式**
>
> 一是寻找合作伙伴共同投资；
> 二是完成立项，申请获得银行贷款；
> 三是施工队、材料供应商带资、垫资建设；
> 四是及早启动市场，如卖楼花般通过诸如"出售创始会籍"、"内部认购"等手段，收拢部分资金。

成本1. 土地

市区边缘与偏远地区，中心城市与二、三级地市的地价差异就可能以倍数计，而且获取的成本也不一样，好的地块每亩几十万，偏远的就只需几万。以一个球场需用地约1200亩算，土地成本大概就在三、四千万到几个亿不等。

成本2. 球场设计与建造

球场建造的标准不同，资金投入就有很大差异。如设计，尼克劳斯的球场设计要价就是300万美金，一些外籍球场设计师（或设计公司）十八洞要价也在30万~50万美金，而国内杂牌公司的设计费可能就几十万人民币，甚至有接下工程项目就不收设计费白帮忙设计的，其设计水平实在令人不放心。建造上，有说几个亿建一个球场的，也有号称一百万一条球道的，不一而定，关键就看要建成什么样的球场。不同要求和包括的项目不同还是会有差异，在国内建一个较好的、上档次的球场应该为5000万元人民币左右。当然，这应是一个一般较合理的数字，总之是"一分钱一分货"。

成本3. 会所及配套设施

会所包括球车道、小卖亭、酒店、其他康乐项目等设施，因所含内容和建造标准不一，差别也很大。豪华型、包罗万象的，如深圳观澜高尔夫球会有几个会所，建筑面积都上万平方米，带有大型商场、不同风格的餐宴厅房、游泳池、网球场，还有五星级酒店，投资非常庞大；简单的（不算临时建筑）如云南丽江的玉龙雪山球会会所，不到2000平方米面积，五脏俱全，特色彰显，建造成本也就几百万。

2. 高税收：娱乐产业比体育产业收税高

由于产业属性划分的不合理，高尔夫行业在中国属于娱乐业。国家对高尔夫是按娱乐产品税和文化建设税的双重标准来收税的，其中娱乐产品税20%，文化建设税3%，合计23%，而体育产业的收税标准仅为8%，如此高的税率，给高尔夫的发展套上了很大的项颈。

按国家现行税政，高尔夫行业涉及的税金有：营业税、城建税、教育费附加、个人所得税、印花税、房产税、土地使用税、所得税等。其中，税负最重的税种是营业税、土地使用税两项。

税收1. 土地使用税

土地使用税新政的出台没有考虑高尔夫球场占地基数大的行业特点，导致一个球场不管是否赢利及赢利水平的好坏优劣，每年固定都要缴纳上百万甚至于近千万元的土地使用税。在国内大多数球场赢利状况还不是很理想的情况下，许多球场一年的利润甚至只够上缴土地使用税，对球场经营者而言，这项税款无疑是致命一击。当然，不排除会有部分球场得到优惠的减税政策，条例规定，"经批准开山填海整治的土地和改造的废弃土地，从使用的月份起免缴土地使用税5年至10年"，但即便符合政策的球场据理力争，得以免税若干年，那些球场的总经理、董事长们的心中不免有种隐隐担忧。

> **案例链接**
>
> 2007年1月1日，国家发布《中华人民共和国城镇土地使用税暂行条例》，对1988年发布施行的《中华人民共和国城镇土地使用税暂行条例》作出大范围修改：将每平方米年税额在1988年暂行条例规定的基础上提高2倍，每平方米年税额大城市为1.5～30元，中等城市为1.2～24元，小城市为0.9～18元，县城、建制镇、工矿区为0.6～12元。

税收2. 营业税

我国目前许多省份将高尔夫消费按娱乐业征收营业税，税率最高可达20%，与夜总会、歌厅、舞厅等一些娱乐场所相同。对高尔夫球场而言，巨额的土地使用税是一个大包袱，畸高的营业税更是让球场不堪重负。

2009年10月6日，国际奥委会投票决定高尔夫球成为2016年、2020年奥运会正式比赛项目的那一刻起，政策应该可以界定高尔夫球运动为体育项目了，但在税收上，仍有少数地区执行老政策。

> **案例链接**
>
> 2009年1月1日，国家颁布《中华人民共和国营业税暂行条例》，条例第二条规定："经营娱乐业具体适用的税率，由省、自治区、直辖市人民政府在本条例规定的幅度内决定。"

3. 高消费：行业特性收取各项费用高

由于投资成本高，加上高税率，使得高尔夫球的门槛也居高不下。打一次高尔夫球，要收取多项费用。其基本费用是果岭费（也就是打球费）。果岭费目前在国内收费标准不一样，高的1000多元，最低的也要400~500元。在果岭费之外，如果有球童服务，球场还要收取球童费；如果租车打球，还有租车费；如果没有球杆、没有包，还有租杆费、租包费；如果在会所里吃饭，还要支付餐费。另外还有球童小费。这些费用加起来也要好几百元。因此，在人们心目中，高尔夫便成为"有钱人的运动"。

4. 高亏损：运营成本高于实际收入

高尔夫球场表面的草坪都是人工种植的，加上球场面积大的特性，后期草坪的维护费用非常高。而按照我国高尔夫行业目前的情况来看，会员的消费不足导致资金的回笼速度慢，出现入不敷出的局面。

（1）草坪后期维护费用高

高尔夫运动是一项对草坪品质要求很高的运动，所选用草种都是从国外进口，再运到国内种植，养护成本很高。每个球场的情况不同，标准不同，球场的养护费也不同，就此无法得出一个普遍的数字标准。

中国现时高尔夫球会90%以上的技术、设备都是依赖国外进口。美国高尔夫研究的数据表明，在2002年全球20亿美元设备出口额中，中国占43%，达8.6亿美元。

一个18洞高尔夫球场合理的草坪年养护费用是由许多条件决定的，甚至在球场进行规划设计时，其养护费用就已经有一个概数，因为这个数字的大小首先由球场的定位和球场的设计决定的，其次决定于球场建造品质、球场所在地区的地理位置和草坪总监人工费用高低等因素（图6-2）。

图6-2　影响草坪维护费用的四大因素

因素1. 球场定位影响球场建造成本

球场定位不同引起以下草坪护理成本不同。

第一，球场人员数量和素质有所不同，给予员工的工资、保险、制服、员工餐、宿舍、高温费、过节费、年底双薪、奖金、福利等标准也不同。

第二，不同类别的球场在草坪维护中使用的农药和肥料的要求上有很大差别，譬如，是否要求采用进口、高效、环保、生物农药和肥料等，就直接影响到球场在这方面的投入；

第三，球场机械配置的完整性、设备的完好率直接影响到人员的配制和机械保养的费用支出和燃料百分比情况；比如在喷灌设计上，高档球场喷灌覆盖率和精确度上要求要高许多，喷头数量、供排水管的设计长度等方面肯定比低档球场高得多，维护的成本也相应要高许多；

第四，高档球场在草坪维护用沙方面为追求好的草坪品质，用沙标准、铺沙用量和次数都会比较多，维护成本高也在所难免；在过渡地区草坪过冬是否实行交播也是一项支出，高档球场肯定在交播面积、区域、效果要求上都比较高，费用上差别也就很大。

第五，同样在园林维护上，球场的园林风格、球场的类别以及球场所选园林绿化的品种、株径、数量等都会影响养护费用的多少，当然，球场所选用的绿化植被品种越珍贵，费用也就越高了。

因素 2. 球场的建造品质影响护理成本

早期建造的一些球场，为了降低建造成本，造型、排水、喷灌、草种都是能省就省，可以说是后患无穷，在节省了建造成本投入的同时，已埋下了长期养护成本居高的隐患。比如，由于采用不纯正的草源和不合适的草种选择，球场数年之后杂草丛生，人工、除草剂、草皮等，年年投入，所费不菲，还是品质不佳，草坪每年的养护费用节节攀高。近几年来大部分高尔夫球场已经认识到此问题，并开始使用认证的纯正草种了，这是中国高尔夫建造的进步。

因素 3. 球场所在的区位、接待量影响养护费

养护费用的高低还决定于球场所处的地区、打球人次。譬如，北方和南方就有差别，一年经营 7 个月与 12 个月都可以经营的球场的草坪养护费用会不同；气候条件的不同，病虫害发生的频率不同，也直接影响的农药化肥的用量；地区不同，水资源的问题差别会很大（水资源问题和取水费用将可能是未来制约球场发展和经营的一个重要因素）。当然，每年的下场人次越多，草坪的受践踏程度越高，草坪的养护费用也会相应地增加，包括机械配件、沙、农药、化肥等。

因素 4. 草坪总监的水平、经验影响草坪日常成本

决定草坪养护费多少的另外一个非常重要的因素是球场的草坪总监。

草坪总监既是专业人才，又是管理人士，他主要负责整个球场的场地管理，其教育程度及管理经验、专业水平将直接影响到球场的养护成本。

一个优秀的草坪总监可以及时发现草坪的问题，同时又能及时制定科学的解决办法和采取合适的措施，从而将问题解决在萌芽状态，减少了不必要的花费，最后还能通过不断地总结和交流，为以后的科学管理和计划提供信息。

好的草坪总监还能管理、组织和培养一个团队。通过科学的管理、计划、安排和培训，提高草坪养护工的素质和工作效率、延长了机械使用寿命、减少了浪费等，这些都直接影响草坪的养护成本。

（2）会员消费不足使成本增大

造成亏损运营的另一因素就是高额的会费。一个投资为 3200 万元的练习场，需要 1000 名终身会员才能正常运作。高尔夫球场要赢利，最主要的动力是出售会员证。其次才是非会员到球场的消费。

事实上，高尔夫市场现状是目前市场消费者主要分三大类，各自的消费习惯有所差异（表6-1）。

首先是上层消费群体，他们拥有足够的消费能力与余暇时间，经常光顾会员制高尔夫球场；其次是中层消费群，受到一定消费能力及余暇时间的双重限制；

最后是亚中层，因为消费能力不足，所以将高尔夫作为奢侈品消费，这部分消费群占大多数，他们主要以打练习场为主，而上层消费群只占总数的10%，会员比例远小于非会员比例，这种投资成本颇高而使得无法降低价格以促进消费力之间的矛盾顺理成章地成为导致高尔夫运动不景气的理由。

高尔夫市场三大消费群体的消费习惯　　　　　　　　　　　　　表6-1

高尔夫消费者	消费习惯
上层消费群体	经常光顾会员制高尔夫球场
中层消费群	受到一定消费能力及余暇时间的双重限制
亚中层消费群	消费能力不足，以打练习场为主

案例链接

三亚亚龙湾高尔夫球场，一个18洞标准的高尔夫球场维持一年的固定费用在800万～1000万元左右，加上税费，如果单纯靠非会员打球维持，需要球场接待35000人次，每人次消费750元以上。南京浦口昭富高尔夫球场，一张终身会员卡要3万美元，一张年卡的价格为1.8万元，而白马高尔夫俱乐部，虽只是练习场，一张年卡也要3900元。

二、高尔夫地产投资利润率测算

投资利润率是项目的年利润总额与总投资的比率，是衡量项目盈利与否的标准，也是投资风险预测的重要手段。下面以某项目为例，讨论高尔夫地产投资利润率的测算方法。

由于本测算为概算，且不确定因素较多，因此需要进行如下假设：

06 高尔夫地产项目投资

地价测算过程中没有量化各地块容积率不同的影响及其对高尔夫建成后的影响，只做了粗略的估算；

成本测算中假设地块的供给为 200 亩和 300 亩，容积率分别考虑 0.5 和 0.8；

成本测算中假设开发自有资金占 60%，年利息为 6%，资金占用周期 2 年；

投资分析采用静态分析，不考虑货币的时间价值；

假设别墅每套平均建筑面积 350m^2，投资分析测试中售价以均价 300 万元/套计算，未充分考虑高尔夫资源的影响；

1. 土地价格预测分析

为了可以对本项目地块的经济效益做出评价，故采用"量化比较法"和"地价增长法"对本项目地块地价进行初步预估。

（1）量化比较法

商住性质土地地价主要由以下因素核准：

区域经济、区域人流、区域发展前景、交通、配套、地块现状（形状、大小、地貌、生熟程度）、区域环境质量（空气、水质）、景观人文资源等因素。

各定级因素分值为 1~10 分，分值越大，表示等次越高。

假设各定级因素得分之和与土地楼面单价成比例关系：

$$\frac{X 地块楼面单价}{Y 地块楼面单价} = \frac{X 地块综合得分}{Y 地块综合得分}$$

为了更为本项目地块测算值更接近真实值，故选择与本项目可比性较强的 5 个地块进行量化比较（表 6-2、表 6-3）。

可比性较强　　　　　　　　　　　　　　　　　　　　　　　表6-2

地块	土地面积（亩）	土地性质	土地单价（万元/亩）
地块一	225.75	商住	125.5
地块二	234.52	商住	114.3
地块三	89.8	商住	98
地块四	1.3	商住	223
地块五	10	商住	63

各参考地块与本项目地块的量化比较

表6-3

定级因素	地块一	地块二	地块三	地块四	地块五	本项目地块
区域经济	7	6	6	7	3	3
区域人流	8	6	6	8	1	1
区域发展前景	6	4	4	6	9	9
交通	8	7	7	8	4	4
配套	8	4	4	8	1	1
地块现状	9	7	7	9	5	5
区域环境质量	9	5	4	9	8	8
景观人文资源	6	2	2	6	9	9
合计得分	61	41	40	61	40	40

楼面地价参考值计算:

参考值1=125.5×40/61=82.3 万元/亩

参考值2=114.3×40/41=111.5 万元/亩

参考值3=98×40/40=98 万元/亩

参考值4=223.1×40/61=146.3 万元/亩

参考值5=63×40/40=63 万元/亩

楼面地价参考值=(参考值1+参考值2+参考值3+参考值4+参考值5)/5

=(82.3+111.5+98+146.3+63)/5

=100.22 万元/亩

(2)地价增长法

采用该项目所在市区唯一商品房地块的楼面地价为该区域土地基准价,采用市场一般地价年增长率20%计算(表6-4)。

该项目土地基本情况

表6-4

土地面积(亩)	土地性质	土地价格(万元)	土地单价(万元/亩)
349.8	商住	8500	24.3

楼面地价参考值：24.3×（1+20%）×（1+20%）×（1+20%）×（1+20%）=50.3万元/亩

最终楼面地价参考值取上述两种方法计算结果的平均值：

楼面地价参考终值=（100.22+50.3）/2=75.26万元/亩

土地测算时还需综合考虑以下影响因素：

参考土地多为混合用地，容积率均高于本项目；

参考土地用地规模远低于本项目；

高尔夫资源对物业的提升时不可忽视的，我国高尔夫球场周围的房地产单价比一般楼盘高17%以上，在国外更高达30%以上。

因此，本项目所在地块的楼面地价初步估计在60万~80万元/亩区间；

故本项目地块地面单价为预计以60万元/亩和80万元/亩进行可行性分析估算。

2. 项目成本测算

假设配套地产供地量为300亩，项目成本测算如表6-5所示。

项目成本测算 表6-5

项目	计算依据	每亩60万（地价）		每亩80万（地价）	
		0.5 容积率	0.8 容积率	0.5 容积率	0.8 容积率
开发成本	以下五大项之和	32151	40218	38331	46398
① 土地成本	1+2	18540	18540	24720	24720
a.土地转让金		18000	18000	24000	24000
b.契税	中标价格×3%	540	540	720	720
② 建安工程成本	1	9990	15984	9990	15984
建安费用	按1000元/m²	9990	15984	9990	15984
③ 前期工程费	以下6项之和	1015	1623	1015	1623
a.临时设施费	按0.6元/m²估	6	10	6	10
b.设计费	按35元/m²估	350	560	350	560

续表

项目	计算依据	每亩60万（地价）		每亩80万（地价）	
		0.5 容积率	0.8 容积率	0.5 容积率	0.8 容积率
c.服务咨询费	按15元/m^2估	150	240	150	240
d.行政收费	按44元/m^2估	440	703	440	703
e.建筑工程检测费	按2.9元/m^2估	29	46	29	46
f.房屋登记交易费	按4元/m^2估	40	64	40	64
④ 室外配套费	以下10项之和	2210	3440	2210	3440
a.室外道路环境等配套工程费	按70元/m^2估	700	1120	700	1120
b.施工水电贴费	估	100	100	100	100
c.电话、有线、管煤	按24元/m^2估	240	384	240	384
d.自来水、电力等室外管线	按55元/m^2估	550	880	550	880
e.水电增容	按22元/m^2估	220	352	220	352
f.排污工程	估	60	60	60	60
g.安全监控	按20元/m^2估	200	320	200	320
h.预决算审核费	（二）×0.15%	15	24	15	24
i.质监费	（二）×0.25%	25	40	25	40
j.监理费	（二）×1%	100	160	100	160
⑤ 不可预见费	（二+三+四）×3%	396	631	396	631
开发费用	以下三大项之和	6163	9355	6460	9652
① 管理费用	销售收入×3%估	2520	4050	2520	4050
② 销售费用	按总销售收入×2.5%估	2100	3375	2100	3375
③ 财务费用	（一至五项之和）×40%×6%×2年计算	1543	1930	1840	2227
合计	开发成本+开发费用	38314	49573	44791	56050

3. 项目静态投资分析

假设每套售价为 300 万元人民币；

假设每套平均面积 350m^2：

——容积率为 0.5：总建 99900m^2，扣除会所等公建面积，可售套数约 280 套；

——容积率为 0.8：总建 159840m^2，扣除会所等公建面积，可售套数约 450 套（表 6-6）。

项目静态投资分析指标（一）　　　　　　　　　　　　　　　　表6-6

项目（单位：万元）	每亩60万（地价）		每亩80万（地价）	
	0.5容积率	0.8容积率	0.5容积率	0.8容积率
总收入	84000	135000	84000	135000
总成本	38314	49573	44791	56050
税后利润	45686	85472	39209	78950
成本收益率	119%	172%	87%	141%

假设配套地产供地量为 200 亩（成本测算过程同上，省略）；

假设每套销售价格为 300 万元；

假设每套平均面积 350m^2：

——容积率为 0.5：总建 66700m^2，扣除会所等公建面积，可售套数约 185 套；

——容积率为 0.8：总建 106720m^2，扣除会所等公建面积，可售套数约 300 套（表 6-7）。

项目静态投资分析指标（二）　　　　　　　　　　　　　　　　表6-7

项目（单位：万元）	每亩60万（地价）		每亩80万（地价）	
	0.5容积率	0.8容积率	0.5容积率	0.8容积率
总收入	55500	90000	55500	90000
总成本	27442	36065	31760	40383
税后利润	28058	53935	23740	49617
成本收益率	102%	150%	75%	123%

三、构建高尔夫行业融资平台

构建高尔夫行业的融资平台,是解决投资高尔夫地产资金问题的重要手段。

创办高尔夫地产网站、高尔夫地产杂志、高尔夫学院以及举办高尔夫地产系列赛,是投资高尔夫地产的基础型平台,是积累客户资源最有效的渠道。而为客户提供策划顾问服务,收益要比基础型平台更高。如图6-3所示,处于金字塔越顶端的产品,投资的收益性越大。

图6-3 高尔夫行业平台产品线

1. 高尔夫球会会籍

球会会籍是投资高尔夫地产最基础的收益渠道,也是高尔夫球会运营的主要资金来源。了解影响会籍价值的因素以及会籍价值的属性,以此为目标客户打造量身定制的产品,有利于提高投资的收益率。

(1)高尔夫球会会籍的价值

任何一家球会都不只具备一种属性,而是有不同的侧重点。会籍属性在众多属性当中更受目标客户的青睐,因为它是以市场需求为导向设计产品(图6-4)。虽然可以适度引导,但无法改变多样化客户的不同需求和价值取向,所以应该针对不同人群设计出不同的会籍产品。

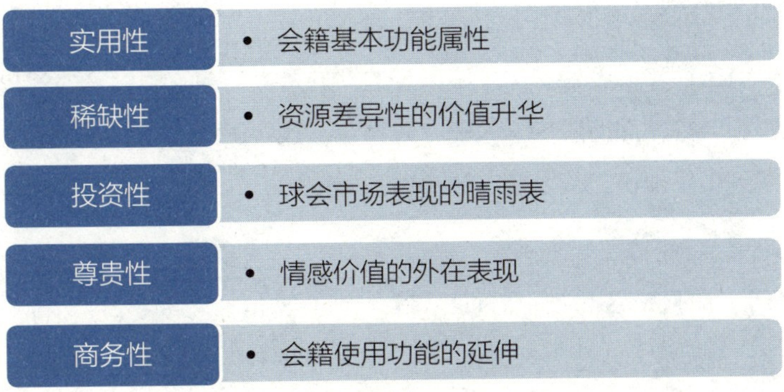

实用性	• 会籍基本功能属性
稀缺性	• 资源差异性的价值升华
投资性	• 球会市场表现的晴雨表
尊贵性	• 情感价值的外在表现
商务性	• 会籍使用功能的延伸

图6-4 高尔夫球会会籍价值属性

1)实用性:打球便利

一般来说,高尔夫会籍的基本价值是让球友获得在球场打球的优先或专属权利,很多人购买会籍的初衷也是为了打球更便利,比如选择离家或办公室较近的球会,或者每年常去的旅游度假球场。

2)稀缺性:数量不可能无限扩充

物以稀为贵,一座18洞的高尔夫球场最多只能容纳一千多名会员,由于国家对土地审批的限制,可供销售的高尔夫会籍的数量有限,再加上高尔夫球场自然资源优势的不可复制性,会籍价值的稀缺性彰显无疑。稀少就是将来的稀缺。每个球场,特别是纯会员制的球场,会员的数量不可能无限扩充,这注定了会籍数量的"稀少"。

3)投资性:球会会籍是市场经济的晴雨表

在国内,高尔夫会籍终究还是属于一种高端商品,因此它必然要符合市场经济的基本规律。一般而言,会籍会被分批推出,价格逐渐上升,投资回报价值是吸引球友的重要原因之一。

4)尊贵性:情感价值的外在表现

纯会员制球会只对会员开放,私享的会所设施,不受打扰的私人空间,一定程度上来说,拥有其会籍也是财富的象征、身份的体现、社会地位的彰显。

5)商务性:会籍功能的延伸

据统计,世界上有70%的大宗生意是在高尔夫球场上谈成的,中国高尔夫球场从一开始也是作为招商引资的平台被引进,如今,高尔夫会籍商务性价值依然巨大。

第一，球场为高端商务提供了良好环境

会籍价值商务性和尊贵性其实是分不开的，凡是为商务需要打球的客户都非常重视环境、设施和服务等方面的质量，大多会选择自己是会员的主场，对俱乐部各方面都很熟悉尤其是得到俱乐部员工从上至下的尊重和周到服务，能为商务活动带来锦上添花的效果。

第二，高尔夫发展成为新型商务营销平台

高尔夫现已发展成为新型商务营销平台，具有商务性的会籍首先要能满足会员高规格的商务招待需求，因而有些会籍的权益设置中要体现出商务接待的需求。并且球场的服务设施，比如会所、会议室、餐厅等会客场所的硬件和服务必须要上档次，能让会员感觉有面子，为会员的商务接待提供"地利"之便。

第三，球会为会员搭建良好的商务合作平台

球会要想办法为会员搭建一个良好的商务合作平台。各球会的会员，大多是各行各业的成功人士，都是颇具影响力的人物，但会员之间的交往可能并不多，尤其是带有功利性的交往会让会员之间感觉不自在，从而影响了潜在的商务合作机会。

介于此点，由球会牵头，举办形式多样的会员活动，也是不少会员的内在需求。让球会丰富的人脉网络形成气场，使人脉支持系统发挥作用，从而凝聚更多的会员，为会员提供一个真正的"高端商务平台"。

（2）影响会籍价值的因素

高尔夫会籍被人们称为是一种健康股票，是经济的投资、文化的投资、身体健康的投资。同时，会籍也是一种资产，购买会籍也是一种投资，如果选购了有升值潜力的会籍，不但可以让球友在俱乐部中尽享打球的乐趣，尊享会员权益，同时也能达到资产增值的效果。随着球场历史的延长、地区经济的发展、球会设施的不断完善，会籍也将不断地增值。

高尔夫会籍价值构成因素主要包括：球场设计、地理位置、球童服务、草皮养护、球场餐饮、专卖店、酒店、预约、练习场等相关服务和管理。这些都是保证会籍拥有者能够享有球会愉悦消费的基础，也是一个球会在球友心目中的品质结构。

高尔夫会籍产品是由球会品牌、球场、时间、附属卡、嘉宾数量、提前订场时间、价格等基本要素组合起来的呈现不同价值价格的众多变量组合体。

总的来说，影响高尔夫球会会籍价值的因素主要包括如图 6-5 所示的几个方面。

06 高尔夫地产项目投资

图6-5 影响高尔夫球会会籍价值的因素

因素1. 球场使用年限

决定会籍证价值高低的最重要因素之一。由于国内土地政策的关系,每个球会只拥有土地使用权,因此土地使用期的长短就直接影响到会员证的投资价值。在我国土地的使用都有年限,从10年至70年不等,高尔夫球场土地使用年限越长,价值越高,这一点从合约的有效期可以得出。

因素2. 地理位置

离城市中心越近,使用频率越高,价值相对也越高;与购买者、使用者居住或工作地点距离越近,使用频率越高,实用性越强;未来的城市远景、总体规划发展及相对于球会的交通越便利,增值潜力越大。

因素3. 开发商的实力

不言而喻,一个有实力的开发商可以确保其高尔夫球场能长期持续经营,这样才能使会员权益得到保障。开发商越有实力,球场规模越大、球场洞数越多,球场会籍的价值相对更高;配套设施越多,价值越高;具备举办国际性大赛的条件,球场升值可能性越大。

因素4. 会员证名额限制

会籍名额越少,球会价值越高。一般来说,一个18洞球场的俱乐部会员极限大约是1000名左右,名额的多寡会影响到会员到俱乐部使用设施的权利、机会。当然,在我国海南,球场会籍名额可以适当增加,因为购买会籍的大多是岛外客人,他们到海南打球的时间相对当地会员要少。

因素 5. 转让条件

会员证能否转让是会员证价值体现的重要因素,而转让条件越简单,就越有利于转让价值的体现。转让条件包括转让费的收费标准和转让时间的限制等限制条件。二手市场会员证价值体现会员证的真正价值。一般情况下,球场在开业两年后会出现二手市场,二手会籍价格在球会会籍实际成交额的 80%~90%。

因素 6. 入会费价格及购买时机

一般地,选择在球场开业前或刚开业时购买创始会籍,其升值空间将大大高于其他时机,因为创始会籍多为答谢社会及相关人士,但其发行量较少,更为重要的是价格较低所以其升值空间也是最大的。初始入会费越优惠,升值空间越大,会员证价值也更高。

因素 7. 月会费

月会费用于球场维护费用(类似物业管理费);一般而言,月会费高,会员证价值就低,反之亦然。

因素 8. 果岭费优惠的权利

即每次打球所缴果岭费的多少,可以计算出会员证,尤其是短期会员证的利用价值。

因素 9. 会员的特别权利

众所周知,各种特别权利的拥有是会员证价值的最大体现。这些权利包括:会员资格的权利、使用球会设施的权利、优惠取得附属卡(配偶、子女、法人附属提名人)的权利、转让的权利、继承的权利、果岭费(场租费)的优惠权利、带嘉宾的权利(包含人数和折扣)、球场练习场打球优惠的权利、打球预约的权利、使用其他设施的权利、参加俱乐部活动及比赛的权利。

因素 10. 管理能力

高尔夫球场草皮的维护、球童的服务、球会的运作是否专业;俱乐部的经营态度是否维护会员的权利,把会员的权利放在第一位等等。所有这些,完善的管理可以保护会员权益得到尊重,同时可使俱乐部得到良性发展,俱乐部价值也将越来越大,由具丰富职业经验的管理团队或专业高尔夫管理公司管理的球会会籍价值也会随之增加。

因素 11. 公司财务状况

公司财务状况包括投资背景、以往业绩、管理公司的实力和能力等。这些将决定会员证的风险以及将来的升值潜力。

因素 12. 配套设施的发展空间及球场后续投资

如果一个俱乐部的配套服务设施将越来越多并有较大空间，比如说一个会籍不但拥有高尔夫权益还可享受其他运动设施、住宿设施、娱乐设施等。同时，高尔夫球场的后续投资对于其会籍的价值也有影响。后续投资大，会籍价值也将会随着时间的推移以及球会经营的深化不断得到增值。

因素 13. 发展战略

球会未来的发展战略也会影响会员证的价值。球会在经营发展过程中，会根据球会未来的发展目标，以及市场的变化等采取不同的经营战略，比如，特色经营战略，低成本经营战略等，所有这些都会对会籍的价值产生影响。

2. 高尔夫练习场

高尔夫行业对于练习场的需求量大，客户来源充足。可以说，有高尔夫球场存在的城市，必定有高尔夫练习场。练习场的投资资金需求量相对较小，风险较低，经济收益也相当可观。因此，适当投资高尔夫练习场有助于拓宽资金的来源渠道。

（1）投资高尔夫练习场有其相对优势

高尔夫练习场占地面积远小于高尔夫球场，投资规模也跟高尔夫球场不属于同一个水平。然而，高尔夫练习场却是几乎每一位新手的必经之地，没有人是不需进入高尔夫练习场而直接上球场打球的。因此，高尔夫练习场的存在有其必要性，同时也能有较为广泛的客户来源。一般来说，高尔夫练习场相对于高尔夫球场来说具有如图 6-6 所示的几大优势。

图6-6　投资高尔夫练习场的五大优势

优势 1. 占有土地面积小

相对来说，比需要占 2000 亩的正式球场，一个高尔夫练习场占地只有 50 亩左右，最大的练习场占地也只约 100 亩。也就是说，是正式球场的 1/20 ～ 1/40。这样的占地面积相当于一个小型企业，而其效益却大过于一个小型企业。

优势 2. 经济效益可观

由于会籍的价格比正式球场低很多，能被较高收入的工薪阶层所接受，因此非常畅销；而同时，销路更好的储球卡，因为能被一般普通收入的工薪阶层所接受，而饱受好评。同时，高尔夫练习场因为果岭需求量小，草坪维护相比正式球场要低廉得多。高尔夫练习场也可作为城市绿地，作为城市规划的一部分，具有环境效益。

优势 3. 客源广泛

首先，练习场每次消费的价格处于一般工薪阶层的消费范围中，而中国的高尔夫文化发展令许多具有"小资"思想的工薪阶层人士对高尔夫这项运动非常好奇，甚至是渴望。而高尔夫练习场的价格正好能满足这一类人的欲望。

其次，打过高尔夫的人都知道，没去过练习场培训过高尔夫挥杆动作的人，是无法适应正式球场的打球的。高尔夫练习场是高尔夫球场的辅助设施，因此几乎每个正式的球场都配套有练习场。但是独立的练习场更方便打球爱好者甚至职业选手练习动作。初学者最先接触的是高尔夫练习场，一直到顶尖的 PGA 选手也离不开练习场。

并且事实上，从事高尔夫运动的人，时间花得最多的不是球场，而是在练习场中。由此可见高尔夫练习场的消费潜力非常的巨大。

优势 4. 承载能力大

喜欢打高尔夫的人知道，打一个完整的比赛需要半天甚至更长的时间，对于处于这样一个快节奏的社会中的人，频繁享受这样的休闲活动是很困难的。但是在高尔夫练习场，一般练习场提供一次 100 球的消费，有的球场还提供 50 球的消费。在练习场打 100 个球的时间约是 1h。每天 1h 的身体锻炼是必须，也是人们力所能及的。而高尔夫爱好者可以自己选择一次打 100 个球或者几百个球，能动性很强。此外，下正式球场打球的时候，每组选手之间须相差一个洞的时差，而在练习场练习的高尔夫爱好者却可以几十人一起享受这项运动。球手也无需一整套球杆就能在练习场享受高尔夫的魅力。这对于推动大众化进程以及大众化的过渡是非常重要的。

优势 5. 发展潜力大

现阶段国内高尔夫练习场还处于发展阶段，它是高尔夫产业必需的一部分，是球场的辅助。它的承载能力远大过于球场，对消费者消费能力、硬件配套要求不高，拥有较高的收益以及较低的投入，是高尔夫投资者倾慕的产业方向。广泛的客源与其巨大的承载能力是加速国内高尔夫运动普及度以及中国高尔夫产业发展潜力非常大的一部分。中国高尔夫练习场蓬勃发展完善是必然的，它近在眼前。

（2）高尔夫练习场的投资收益点

投资高尔夫练习场的主要收益点有如图6-7所示的几项。

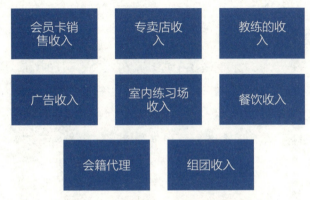

图6-7 高尔夫练习场的投资收益点

收益点1. 会员卡销售收入

会员卡销售收入是最大的收入来源，是回笼资金最快的手段。练习场一般推出几种不同档次的会员卡，有一年期的、多年期的，也有季度卡，还有球票，例如一万粒球多少钱，5000粒球多少钱，通过集中销售会员卡和球票，可以迅速回收资金，同时也给客人提供多种选择。此外还有一个作用，也就是会员卡和球票可以暂时锁住部分客户，当新的竞争对手进入时，已经购买了会员卡和球票的客人，在会员卡有效期内、球票用完之前，都会留在原来的练习场不会流失。

收益点2. 专卖店收入

专卖店收入的多少和练习场的客流量以及地理位置有关。出租还是自营要视人力、精力而定，两种模式都有成功的案例。北京奥克高尔夫，从练习场的专卖店开始尝试，后来发展成为北京颇具影响力的小蜻蜓专卖店。在老板难以亲自经营的情况下，承包给专业的用品公司不失为一种好的作法。

收益点3. 教练的收入

教练的收入最近越来越为练习场的投资者所重视，其实好的教练团队是球场提供给客人的一种服务，赚钱倒是其次。但是事实上，不少练习场的教练收入能达到整个收入的10%~15%，不可小看。练习场须聘请职业教练，设计初中高级高尔夫课程，并逐项进行

收费，教练按照销售收入提成。

收益点 4. 广告收入

广告收入，不同练习场的广告收入差异特别大，有的广告位仅仅换来几样普通的打位分隔器、距离牌等练习场设备，而有的练习场可以将广告位卖出几十万甚至上百万的价格。

收益点 5. 室内练习场收入

练习场还有另外一种形式，就是室内练习场。开室内练习场的大部分是韩国人，韩国的气候特点是冬天太冷，没法户外打球，他们有在室内练球的传统。和普通练习场不同，室内练习场必须配备强有力的教练队伍，大部分客人来室内练习场主要目的是学球，而不是自己练球。所以室内练习场的基本配置除了打击垫和球以外，还要有电脑教学软件以及高仿真的室内人造草推杆果岭等。

收益点 6. 餐饮收入

练习场饮品销量一般都比较高，如果配套餐饮，会有不错收益。

收益点 7. 会籍代理

一般球会会选择练习场作为市场培育的基地，设计销售驻点，练习场可向其收取相关费用，或练习场设计专门销售团队代理合作球会会籍产品，收取佣金提成。

收益点 8. 组团收入

当练习场常客户达到一定数量的时候，可以组织球队，为球会输送客流，收取部分费用。

（3）高尔夫练习场的投资条件分析

投资高尔夫练习场和高尔夫球场是有区别的，无论多么豪华高档的练习场，也只是为所在区域的客人服务，没有人会仅仅因为天津的某个练习场设备先进、装修豪华而经常从北京跑去天津练球。因为练习场无非就是把球从垫子上打出去，仅此而已。所谓的特点，不过是设备精良，教练的水平高，专卖店的产品齐全，装修豪华而已。高尔夫球场则不一样，不同的文化、不同的历史、不同的自然环境、不同的设计、不同的风格、不同的难度都会吸引全中国，甚至全世界的高尔夫爱好者来一试高下，所以，作为练习场的投资，一定要谨慎选择。

1）练习场的投资前期需做资金预算

投资一个练习场到底需要多少钱？回收期又是多长时间呢？这关键在于要做一个什么

样的练习场，目前国内最大最豪华的练习场，总投资 4000 多万，占地有 600 多亩，几乎有半个球场大，有 280 条国际标准超宽打位，以及多个大型练习果岭，提供 100 多万个标准练习球，球道距离达 600 多码，同时有香港高尔夫学院进行教学，其成本回收期是多久，无人知晓。而有的练习场虽然场地不大，设备简单，经营年限也不长，由于定位适当管理有方，一年就可以收回成本，投资回报可观。

2）练习场选址要注重三大关键因素

对于经营型的练习场来说，没有什么比地址的选择更为重要的了。地址选择正确，就成功了一半。

因素 1. 高档消费人群多

高尔夫在中国还是属于一项高档消费，一般的市民百姓暂时消费不起，尽管练习场收费不是很高，但是如果一个人老打练习场，而不去真正的球场体验高尔夫的乐趣，他对练习场的兴趣也维持不了太久。所以，练习场的目标客户是高档消费人群，这些人集中的地方，就是比较好的地点。

因素 2. 交通便利性强

高尔夫的球具比较重，球友都是开车去打球，很少有坐车或骑自行车的，所以汽车交通的方便性，是练习场选址的关键。一般说来，从目标客户群所在地到练习场的车程控制在 30min 以内比较理想，中途最好不要有收费站或交通瓶颈。

因素 3. 环境安静指数高

高尔夫是一项安静的运动，大家都知道，在重要的大赛中，球手击球的时候，工作人员会竖起"安静"的牌子，尤其是发球和推杆的时候，哪怕是一声咳嗽或轻声说话都会影响到选手的发挥，因此，练习场最好选远离繁忙嘈杂的马路和铁路沿线等。

3）根据投资规模决定练习场的用地参数

通常的练习场一层大约有 30~40 个打位，而练习场最短的距离要求在 200 码左右，由此可知，按照 3m 宽一个打位，练习场对地的最低要求为 60m 宽、200m 长，即 12000m² 比较合适，当然，如果市场情况比较好，有 150m 宽、300m 长是非常理想的，这样可以建更多的打位，而且不用架拦网。

练习场需要配套建造会所、停车场、小球运动中心、健身房等，所以占地面积需要根据投资规模决定。

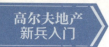

> **案例链接**
>
> 国内有几个规模较大的练习场,同时建造有迷你九洞,如果练习场所在的城市没有球场,客人平日没有地方打球的,建一个迷你九洞也许是个不错的选择,不仅可以增加收入,也可以培养部分铁杆客户;如果练习场附近就有球场,而且是灯光球场的话,很少有人愿意去打迷你九洞,经营起来比较困难。迷你九洞的养护和管理和球场差别不大,要增加许多的草坪机械和其他设备,费用很高。

3. 高尔夫地产网站

赢利模式:企业会员会费、球场广告或高尔夫地产项目广告收入、相关联奢侈品广告收入、无线增值服务收入。高尔夫地产网站建设网站定位、客户定位及经营策略如表6-8所示。

高尔夫地产网站建设　　　　　　　　　　　　　　　　　　　　　　表6-8

网站定位	高尔夫地产一体化资源平台(B2B+B2C): B2B:高尔夫地产商务平台、高尔夫地产知识平台(资讯、专业社区、知识库); B2C:高尔夫地产项目展示、高尔夫商城、高尔夫会员俱乐部(高尔夫消费者网上社区:博客、BBS)
客户定位	高尔夫球场、高尔夫地产开发商、高尔夫器材生产商及经销商、高尔夫地产服务商、高尔夫终端消费者、高尔夫地产客户
经营策略	与高尔夫类地产杂志在内容及推广上形成互动

4. 高尔夫地产杂志

赢利模式:企业会员会费、球场广告或高尔夫地产项目广告收入、相关联奢侈品广告收入。高尔夫地产杂志经营方面的杂志和客户定位、经营策略见表6-9。

06 高尔夫地产项目投资

高尔夫地产杂志经营 表6-9

杂志定位	在高端地产、消费领域的高度专业性整合平台； 倡导高尔夫居住形态、消费方式和生活理念，将高尔夫市场与房地产领域有机融合，是涵盖高端房地产消费及社会精英阶层的商务、休闲指南； 关注主流财富阶层，涵盖高尔夫运动、高尔夫豪宅、高尔夫会所、高尔夫人物以及从高尔夫族群生活方式衍生而来的休闲度假、社交圈层、商务服务、商品消费等领域
客户定位	高尔夫地产相关企业、从业人员、高尔夫及高尔夫地产终端消费客户
经营策略	① 借助CRM数据库，与网站在内容及推广上形成互动； ② 面向终端消费客发行，同时策划面向行业的附刊

　　高尔夫地产杂志是具有极强冲击力的感官媒体，它具有针对性强、易操作、传达迅速、效果明显等特征。较之其他类似高端媒体，它更适合于大品牌客户经常性的媒体短时间覆盖高端人群的需求。

5. 高尔夫学院

　　赢利模式：通过行业高级管理人员的管理培训，收取培训费与赞助费；通过青少年培训收取加盟费、管理费、赞助费。高尔夫学院、客户定位及经营策略见表6-10。

高尔夫学院建设 表6-10

学院定位	高尔夫管理培训平台及以青少年高尔夫培训平台
客户定位	管理培训：行业高级管理人员； 青少年高尔夫培训：各地已建、在建、拟建的高尔夫球场
经营策略	①以中高协整合培训顾问资源，以杂志及网站作为推广平台； ②管理培训以"专业管理知识、人脉资源、商务资源"作为三大价值点； ③以青少年培训基地及青少年赛事基地盘活地产项目球场资源

6. 高尔夫赛事

　　高尔夫运动在我国未能取得长足的进步，除了我国高尔夫历史相对短暂、高尔夫发展的大环境相对落后外，与高尔夫赛事的发展程度密切相关。近年来，我国本土举办的高尔夫赛事非常稀缺，尤其是大规模高尔夫赛事，大多赛事都是通过引进和模仿发达国家，赛事品牌的开发力度也不够深入，还未形成独具中国特色的大型高尔夫赛事。高尔夫赛事是高尔夫运动发展的催化剂，举办大型的高尔夫赛事，不仅可以提升高尔夫竞技运动水平，同时还是一种高尔夫文化的传播，使更多的人能够了解和接受这项运动，扩大高尔夫的群众基础。因此，举办大型的高尔夫赛事是我国高尔夫发展的必然选择。

赢利模式：项目整合推广服务费、赞助费。高尔夫系列赛事的服务、客户定位及经营策略见表6-11。

高尔夫系列赛事举办　　　　　　　　　　　　　　　　　　　　表6-11

服务定位	整合高尔夫地产项目球场资源，促进地产营销与球场经营
客户定位	高尔夫地产项目、高尔夫地产项目相关商务资源
经营策略	以高尔夫地产项目的球场为基地，策划组织三大赛事：青少年锦标赛、高尔夫地产名人赛、高尔夫地产巡回赛。通过打造三项赛事，将高尔夫结合地产及国际品牌赞助商的良性运作，增加比赛的奖金，吸引更多的选手参赛，提高赛事的知名度。 ①青少年锦标赛：结合高尔夫学院的青少年培训共同运作； ②高尔夫地产名人赛：可结合项目推广论坛（研讨会）共同策划组织； ③高尔夫地产巡回赛：以全国优质高尔夫地产项目的球场为基地，策划组织职业选手的巡回赛事

7. 高尔夫地产顾问

赢利模式：整合各种综合性资源，以提供专业的高尔夫策划服务，收取顾问费用。高尔夫地产顾问是行业内的专业服务，也是成功运营高尔夫地产的核心所在。高尔夫地产顾问的服务、客户定位及经营策略见表6-12。

高尔夫地产顾问　　　　　　　　　　　　　　　　　　　　　　表6-12

服务定位	高尔夫地产专业研究、顾问咨询与资源整合系统服务商
客户定位	高尔夫地产项目、高尔夫地产项目相关商务资源
经营策略	①对高尔夫地产项目提供专业研究，营销企划服务； ②帮助高尔夫地产项目整合引入各类商务资源（高端酒店管理品牌、高尔夫物业管理公司及管理人才、赛事资源、旅游产业、SPA等高端配套资源、健康养生配套资源、家庭式休闲配套资源……）

8. 地产综合开发

广州奥林匹克花园开启了复合地产之门,从而催生出一种全新的生活方式,并将自己定位于"新生活的领跑者",从而为高尔夫地产的综合运营提供了开发模板。奥林匹克花园以其独特的经营理念、超前的复合概念、浓郁的文化气息、准确的市场定位、严密的系统管理、统一的宣传策划和成功的运作经验,把高尔夫内涵融入奥林匹克花园品牌内涵中,把高尔夫配套(练习场或球场)及相关联的休闲(有相关资源区域的)或旅游配套融入项目中(图6-8)。

图6-8 综合开发高尔夫地产

(1)将体育健康产业与房地产产业有机嫁接

1999年奥林匹克花园将体育健康产业与房地产产业有机嫁接,成功开发了广州奥林匹克花园,创造了数期开盘,数天排队认购,数次一抢而空的销售奇迹,营造出和谐、文明、健康的全新生活方式——奥林匹克生活方式。广州奥林匹克花园以"运动就在家门口"、"科学运动,健康生活"满足了人们对于健康的需求,营造了一个健康、运动、向上的社区。

住区的心在竞争空前激烈的广州华南板块,以"奥园升级产品"形象出现的南国奥林匹克花园是由广东奥园置业集团有限公司、中体产业股份有限公司共同投资建设的,是体育产业、教育产业与房地产业相结合的新型现代化生活社区。

(2)将高尔夫运动精神融入社区中

在集中建造高标准的高尔夫球场的同时,更将高尔夫运动(GOLF)的精神融入社区的每一角落,绿色(GREEN)、氧气(OXYGEN)、阳光(LIGHT)和友谊(FRIEND)等元素构筑成高品质的园林化社区,让"运动就在家门口"得到充分的体现。奥林匹克花园广受欢迎的跃式户型在南奥得到充分的升华及提升。跳跃的空间,艺术的创造,让平凡的生活充满了趣味。公共活动区与房间动静分区,巧妙分隔,保障居家私密性,更添家庭起居情

趣。一梯两户，超宽楼距、双阳台设计，户户采光通风，阳光、绿意、园林景观随窗而入。

（3）利用地形优势整合生态环境

南国奥林匹克花园占地 1000 亩，总建筑面积约为 75 万 m^2，其用地地处丘陵地带，有山有水，起伏有律，整个地势高低起伏，呈扇形伸展，由西南向东北降低，属典型的浅丘地貌。针对这种优势地形，南奥将占地 100 多亩的高尔夫球场及撒野公园作为小区配套及园林环境建设的重头戏，在保证了生态绿化规模的同时，也增加了小区未来住户参与生态环境相身的机会可能性。

除了小区内部巨大的自然环境优势外，充满生态特色的周边环境也是南奥特色之一，南奥的东面，是森林覆盖率极高的广州长隆夜间动物世界；南面，有面积广大的南村自然生态保护区，提供大量的生态供给；西面，是绿化率极高的钟村；北面，广州香江野生动物园以及面积达 3000 亩自然生态保护区，与其他三面围合，使南奥在绿色原野的包围之中。

9. 介入城市运营

奥林匹克创新高端产品从地产、旅游休闲、体育运动三个层面，对地区经济发展起到至关重要的推动作用。因此，可参照奥林匹克花园的城市运营模式，以"地产 + 高尔夫为主的竞技运动 + 休闲旅游"创新复合地产开发模式介入到区域城市运营中。

（1）创建高端的生活社区

南国奥林匹克花园创建了亚洲最大的"高尔夫尊贵生活社区"，将奥林匹克文化融入社区生活当中，在这里，高尔夫园林和奥林匹克花园一贯的运动、健康特色完美结合，慢跑小径，蜿蜒环绕高尔夫园区，并延展到社区各处，高尔夫园区周围每隔一段设立一处运动景点，让业主兴之所至之中享受运动的乐趣。

（2）整合居住、教育、娱乐等各项城市功能

项目配套置有大型奥林匹克体育会所、小云雀南奥艺术幼儿园、北京师范大学南奥实践小学、中学、高尔夫球场、酒店、撒野公园及商业配套等。在体育与房地产的基础上整合了教育产业，大胆提出"南奥学村"的概念，与北京师范大学合办实验小学、中学，与广州市东山区少年宫合办艺术分校，建立继续教育机构，拥有大量课外素质教育基地；青少年体育俱乐部（经国家体育总局批准）、南奥小天使交响乐团、高尔夫培训学校、撒野公园等，全方位构筑教育链，为消费者提供终身教育关怀，南奥学村正在成为广东地区社区教育和素

质教育的"领跑者"。让运动、学习、安居成为奥林匹克花园的主旋律,这是复合地产最具人性化的表达。

(3)品牌扩张在全国实行连锁

奥林匹克花园倡导"统一品牌,统一理念,统一管理,统一宣传,统一经营模式"的"五项统一",成功实现品牌扩张,先后自主和合作开发的项目有广州奥园、番禺奥园、南国奥园、上海奥园、北京奥园、天津奥园等。如今,奥林匹克花园已成为中国房地产界著名的跨地域连锁经营品牌,创造了中国房地产市场的奇迹。

案例链接

奥林匹克花园荣膺"最佳人居环境绿色楼盘"称号,荣膺"广州十佳生态社区"称号,荣膺"智能化程度最高小区"称号,荣膺"十大最受欢迎最佳人居环境绿色楼盘",荣膺"十大最受欢迎最佳人居环境绿色住区",荣膺"最佳人居环境绿色小区",荣膺"2001年度广州市民十大最喜爱楼盘",荣膺"2001广州十大明星楼盘",荣膺"2001~2002年度房地产综合实力30强",荣膺"全国用户满意住宅小区",中国青少年素质教育培训基地。

10. 高尔夫地产基金

赢利模式:通过基金会吸引社会各界投资,将基金会募集到的资金用于发展高尔夫事业,包括高尔夫教育、高尔夫研究等,推动高尔夫地产的良性发展。

🌐 **高尔夫地产基金** 表6-13

基金定位	高尔夫地产开发投融资平台
客户定位	高尔夫地产项目、高尔夫土地资源
基金来源	①发起人引资; ②依托第一职能模块高尔夫客户信息库向中高协内全国所有高尔夫球场会员发起募集(每人募集额约合三年会员费金额,可享有三年全国高尔夫会籍,及固定收益×%年收益)
基金投向	高尔夫地产项目,高尔夫投资型物业,创业(PE,VC)投资,其他投资

案例链接

2012年，我国成立了第一个高尔夫教育和研究基金"奥林高尔夫教育与研究专项基金"。该基金由北京林业大学高尔夫教育与研究中心发起，北京林业大学教育基金会负责管理，北京环球奥世高尔夫球场管理有限公司承担基金的募集和宣传策划。该基金资金全部来自于自然人、法人或组织的自愿捐赠，以及其他合法收入。募集来的所有资金将全部用于高尔夫相关方面的科学研究、人才培养以及标准制定等。

基金使用主要有以下方向：

（1）中国高尔夫发展战略和社会关注话题研究与客观宣传；
（2）生态环境保护、水资源的合理利用与高尔夫球场建造管理的教育和研究；
（3）高尔夫球场与土地利用关系的教育和研究；
（4）高尔夫产业与社会经济关系的教育和研究；
（5）国内外高尔夫消费状况的教育和研究；
（6）城市规划、地产、园林市政与高尔夫设计建造相关问题的教育和研究；
（7）中国高尔夫教育和研究人才的培养与使用；
（8）中国高尔夫专业管理人员的行业交流、培训；
（9）高新技术、设备和材料在高尔夫领域应用的研究与开发；
（10）高尔夫球场规划设计、建造与管理相关标准或规程的制定与应用；
（11）中国高尔夫与国际高尔夫差异性教育和研究；
（12）高尔夫俱乐部与其他高尔夫相关从业者共同关心或个别球场特别需要解决的问题教育和研究。

操作程序

四、案例解读：上海佘山国际高尔夫俱乐部可行性分析

上海佘山国际高尔夫俱乐部坐落于上海松江佘山国家旅游度假区，总占地面积2200亩，其中1700亩为18洞72杆国际锦标级高尔夫球场，由N&H公司所设计，设计规划极力保护原生植被，精心营造上海唯一森林丘陵型生态高尔夫球场。还有26道高尔夫练习场。

俱乐部还有 500 亩用于建造意大利托斯卡纳风格的顶级别墅社区。

1. 项目概况

（1）地理位置

项目坐落于松江区佘山国家级旅游度假核心区内，东南西北分别是嘉松公路、林荫新路、通波塘河、泗陈公路，并与月湖隔河相邻，与佘山遥遥相望（图6-9）。整个项目由占地1700亩的高尔夫（按18洞72杆国际锦标赛标准建造）球场和占地342亩的高尔夫郡会员别墅以及占地169亩的高尔夫郡租赁公寓三部分组成。

图6-9 项目区位

（2）项目用地、建筑类型和面积

高尔夫球场是租赁用地。佘山公司于2001年7月20日与当地政府（主管部门）签署了40年租赁合同，为了规范用地性质，体现球场实际价值，佘山公司正在与当地土地部门办理该土地作为体育文化用地的出让手续。

高尔夫郡会员别墅是批租的住宅用地，分为1、4、5号三个地块，占地面积227926m^2，规划建造独立式别墅90栋，建筑面积74469.61m^2。

高尔夫郡租赁公寓是批租的商业综合用地，分为2、3、6号三个地块，占地面积112811m^2，规划建造联排公寓24栋，独立式公寓22栋，高球和康体二个会所，建筑面积65800.48m^2。

（3）2号地块租赁公寓

2号地块租赁公寓，是佘山公司项目的组成部分。该地块占地52416m^2，规划建造联排公寓24栋，建筑面积39054m^2（其中地上面积25848.78m^2，地下面积13205.44m^2），位于佘山公司项目的中心位置，东南侧均为高尔夫球道和河泊，西侧为高尔夫球场景观道，北侧为高尔夫练习场。公寓建筑典雅、装修高档、配置豪华，消费对象为在沪工作的外籍高级管理者。

2. 项目法人

该项目由佘山公司负责开发经营。佘山公司即为该项目的项目法人，对该项目的策划、资金筹措、建设实施、经营、债务偿还和资产的保值增值，实行全过程负责。

经市、区有关部门批准，由三方组成注册资本金 16000 万元的佘山公司。一是上海国际信托投资有限公司出资 6000 万元，占佘山公司股份 37.5%；二是上海优孚企业发展有限公司出资 5700 万元，占佘山公司股份 35.625%；三是浙江湖州凤凰公园建设有限公司出资 4300 万元，占佘山公司股份 26.875%。

3. 项目建设进度

由佘山公司开发建设的佘山高尔夫球场、佘山高尔夫郡会员别墅和高尔夫郡租赁公寓分三期建设（图6-10）。

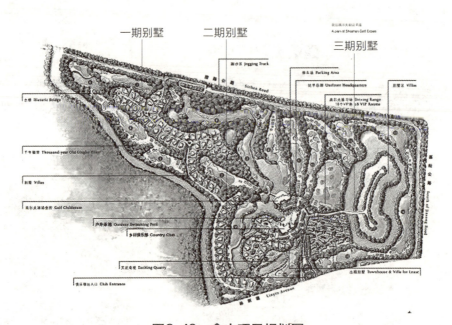

图6-10　佘山项目规划图

一期于 2002 年 9 月开工，2005 年 8 月全部完工。项目内容有球场、球场会所和 4 号、5 号 A 地块的会员别墅，建筑占地 108988 m^2，建筑面积 38984 m^2，可售面积 32726m^2，总投资 38280.31 万元，截至 2005 年 12 月 31 日统计现已实现销售收入 57384.00 万元（含高球会藉），另有 9 栋约 7000m^2 的会员别墅正以每平方米售价

30000元推向市场。高尔夫球场和会所于2004年10月起接待会员对外营业。

二期于2004年7月开工，预计至2006年9月全部完工。项目内容有5号B地块的会员别墅，2号、3号地块的租赁公寓和康体会所，占地154307m^2，建筑面积72573m^2，其中可售面积14692 m^2，租赁面积51951m^2，总投资预估66408.30万元，现已投资44951.96万元，占总投资近70%。

三期为1号地块的会员别墅项目，占地77441m^2，建筑面积23244m^2，总投资预估28693.60万元，现已投资4408.75万元，主要是土地批租、土地整理和规划设计等费用。该项目何时全面开工需结合市场情况待定。

鉴于2006年11月上旬，由IMG组织的香港汇丰银行冠名的世界五大高球赛种子选手云集的国际高尔夫大赛在佘山公司球场连续第二次举办的盛况，佘山公司二期在建工程现正大幅提速，在2006年9月底前，该工程均须全面完工。

4. 项目投资估算和资金筹措

（1）投资估算

2号地块租赁公寓总投资36248万元，其中土地批租、动拆迁费2422万元，工程前期费2900万元，建安工程费21682万元，基础设施费4350万元，配套设施费3625万元，开发间接费1269万元。

（2）资金筹措

截至2005年12月31日，佘山公司总资产106819万元，其中所有者权益32558万元，预收账款12538万元，借款22700万元。

佘山公司项目建设期间，有当地多家金融机构给予贷款支持。一期时招商银行委贷5000万元对应支持球场，建行4000万元对应支持4号地块会员别墅，现已全部归还。二期在建工程由中国建设银行4000万元对应支持5号B地块会员别墅，东亚银行6700万元对应支持3号地块租赁公寓，上国投10000万元信托资金对应支持2号、6号地块租赁公寓和高球会所。三期由兴业银行2000万元对应支持1号地块会员别墅。

2号、3号、6号地块建造的租赁公寓和高球会所为我公司的核心经营性资产，其中2号地块在建工程房屋39054.22m^2，总投资36247万元，现已投入20000多万元，约占总投资近60%。现拟用2号地块在建工程向银行进行经营性物业抵押贷款的银企合作。

5. 财务分析

（1）销售收入

2号地块租赁公寓建成后全部作为租赁经营，据《佘山高尔夫郡租赁公寓市场计划书》预测，第一年全年营收可达8000万元。由于该物业坐落在佘山高尔夫球场，除了一般高档租赁物业具备的条件外，租赁客入住后即能享有高尔夫会员待遇，生活在高尔夫社区，融入高尔夫球场，非常适合在沪工作外籍人员的生活休闲习惯。随着项目竣工、管理完善，佘山公司的品牌提升，预计租金收入每年会有10%左右的增加，详见表6-14。

● 年租金收入预测表　　　　　　　　　　　表6-14

年份	2007	2008	2009	2010	2011	2012	2013	2014	合计
租金（万元）	8000	8800	9680	10648	11713	12884	14172	15589	91486

经估算，如按每年租金收入8000万元计，8年共计租金收入64000万元；如按每年有10%的增长，8年共计租金收入91486万元；如按上述二种测算加权平均，8年共计租金收入77743万元，每年平均约9718万元。

（2）成本核算

建设成本为36247.50万元，按40年折旧每年约906万元。

经营成本按年均营收13%计算，每年1263万元。

税费（营业税及附加税，物业租赁税、所得税等）在实施"先征后奖"优惠政策后，按年均营收10%匡算，每年972万元。

每年成本约由906+1262+972=3141（万元）。

（3）效益测算

如按每年收入9718万元，减去每年成本3141万元，每年可以赢利6577万元。

（4）现金流量分析

经测算，2号地块租赁公寓项目财务内部收益率为15.6%，按8%的折现率测算的财务净现值为12443.7万元，静态投资回收期为4.85年（表6-15～表6-18）。

2号地块公寓现金流量评估表（一）   表6-15

年数	零年	第一年	第二年	第三年	第四年
年度	2006	2007	2008	2009	2010
总投入（万元）	(36248)				
收入（万元）	0	8000	8800	9680	10648
减：经营成本（万元）		(1946)	(2050)	(2164)	(2290)
税费支出（万元）		(800)	(880)	(968)	(1064.8)
加：折旧（万元）		906	906	906	906
净现金流量（万元）		6160	6776	7454.0	8199.2
乘：折现率（8%）	1	0.926	0.857	0.794	0.735
净现值	(36248)	5704.2	5807	5918.5	6026.4
NPV	12443.70				

2号地块公寓现金流量评估表（二）   表6-16

年数	第五年	第六年	第七年	第八年	Σ
年度	2011	2012	2013	2014	
总投入（万元）					
收入（万元）	11713	12884	14172	15589	91486
减：经营成本（万元）	(2429)	(2581)	(2748)	(2933)	
税费支出（万元）	(1171.3)	(1288.4)	(1417.2)	(1558.9)	
加：折旧（万元）	906	906	906	906	
净现金流量（万元）	9018.7	9920.6	10912.8	12003.1	
乘：折现率（8%）	0.681	0.630	0.583	0.540	
净现值	6141.7	6250	6362.2	6481.7	12443.7
NPV					

2号地块公寓现金流量评估表(三)　　　　　　　表6-17

年数	零年	第一年	第二年	第三年	第四年
年度	2006	2007	2008	2009	2010
净现金流量（万元）	(36248)	6160	6776	7454	8199.2
乘：折现率（16%）	1	0.862	0.743	0.641	0.552
净现值（万元）	(36248)	5309.9	5034.6	4778	4526
NPV	(715.3)				

2号地块公寓现金流量评估表(四)　　　　　　　表6-18

年数	第五年	第六年	第七年	第八年	Σ
年度	2011	2012	2013	2014	
净现金流量（万元）	9018.7	9920.6	10912.8	12003.1	
乘：折现率（16%）	0.476	0.410	0.354	0.305	
净现值（万元）	4292.9	4067.4	3863	3660.9	−715.3
NPV					

（5）敏感性分析

当租赁收入，建设投资分别发生变化时，会对项目的财务分析指标产生影响。2号地块租赁公寓物有所值，如果发生租赁收益下降时，业主可以改变经营方式（例如以售代租等）寻求对策。在这前提下，建设投资的变化会对项目影响较大，因此如何控制建设成本，对该项目尤为重要（表6-19）。

敏感性分析　　　　　　　表6-19

序号	项目/变量	基本方案	租金收入		建设投资	
			+10%	−10%	+10%	−10%
1	财务内部收益率	15.6%	18.4%	10.46%	10.66%	13.36%
2	净现金流量	12433.7万元	13688万元	(3949.7万元)	(324.7万元)	16068.5万元
3	投资回收期	4.85年	5.03年	5.7年	6.63年	5.48年

（6）盈亏平衡点分析

经测算，2号地块租赁公寓租赁的盈亏平衡，即每年租赁收入达到1176.6万元就可保本。

盈亏平衡分析：

出租收入	9,718
一变动成本	2,235
边际贡献	7,483
一固定成本	906
利　润	6,577

$$边际贡献比率 = \frac{边际贡献}{出租收入} = 77\%$$

$$年均保本额 = \frac{固定成本}{边际贡献比率} = \frac{906}{77\%} = 1176.6（万元）$$

注：经营性变动成本为23%（含税项），边际贡献率为77%

6. 结论

该项目的建设符合当地政府的总体规划，对上海市的高球运动和高档房地产的发展具有较大的促进作用，特别是在中央实施土地调控政策，高尔夫球场和低容积率住宅的独特优势更为显现。2号地块租赁公寓项目采用国际竞标办法，不断完善设计方案，精心组织施工，具有较高档次的涉外租赁物业。该项目全部投资财务内部收益率为15.6%，高于银行五年期的贷款利率，按8%的折现率测算的财务净现值为12443.7万元，静态投资回收期为4.85年，财务上是可行的。

2号地块租赁公寓项目，不仅能为上海西部如虹桥、长宁、松江、青浦等地的在沪工作外籍人士提供生活、休闲、运动场所，而且该项目本身也能吸纳当地众多劳动力，对政府每年可上交一定的税费，是一个具有较好的经济效益和社会效益的项目。

该项目投资和建设规模均较大，需要建设单位具有相当强的建设和管理能力。佘山公司三方股东强强联合，完全具备胜任运作这一项目所需的雄厚实力和强有力的建设经营管理团队。2005年11月已举办，在2006年11月上旬续办第二次"汇丰杯高尔夫国际大赛"的赛事组织规格之高，参赛选手世界排名之前，总奖金额之多，为中国乃至亚洲高球赛史上之最。该大赛选择佘山公司球场举办，就是对其项目运作能力的充分肯定。

新手知识总结与自我测验

总分：100 分

第一题：高尔夫地产投资有哪几个特征？（20 分）

第二题：高尔夫地产的投资利润率怎样测算？（15 分）

第三题：高尔夫球会的会籍有什么价值？（25 分）

思考题：如何构建高尔夫行业的融资平台？（40 分）

得分：　　　　　　　　　　签名：